Grundfragen der Literaturdidaktik und zentrale Aspekte des Deutschunterrichts

ERZIEHUNGSKONZEPTIONEN UND PRAXIS

Herausgegeben von Gerd-Bodo von Carlsburg

Band 65

PETER LANG

Frankfurt am Main · Berlin · Bern · Bruxelles · New York · Oxford · Wien

Birgitta Hamann

Grundfragen der Literaturdidaktik und zentrale Aspekte des Deutschunterrichts

PETER LANG
Europäischer Verlag der Wissenschaften

Bibliografische Information Der Deutschen Bibliothek
Die Deutsche Bibliothek verzeichnet diese Publikation in der
Deutschen Nationalbibliografie; detaillierte bibliografische
Daten sind im Internet über <http://dnb.ddb.de> abrufbar.

ISSN 0723-7464
ISBN 3-631-54392-1

© Peter Lang GmbH
Europäischer Verlag der Wissenschaften
Frankfurt am Main 2005
Alle Rechte vorbehalten.

www.peterlang.de

Vorwort

Die vorliegende Publikation hat das Ziel, mit wichtigen literaturwissenschaftlichen Fragestellungen, besonders mit literaturdidaktischen Problemen und aktuellen Aspekten des Deutschunterrichts vertraut zu machen.

Bei den ersten drei Aufsätzen „Funktionalität und Stellenwert des Faches Deutsch im schulischen Fächerkanon" (2002), "Grundfragen der Literaturdidaktik" (2002) und "zentrale Aspekte heutiger Mediendidaktik" (2003) handelt es sich um Manuskriptdrucke, deren Themenbereiche bei verschiedenen Anlässen unter Germanisten (Lehrern und Studenten) lebhaft diskutiert wurden. Der vierte Beitrag, der sich schwerpunktmäßig mit dem "Aufbau zentraler Kompetenzen als wesentliche Bildungsaufgabe eines auf die Lebenswelt bezogenen Literaturunterrichts" (2004) befasst, wurde als Diskussionspapier erstellt.

Ich möchte meinen Dank ausdrücken gegenüber allen, die in irgendeiner Weise zur hier präsentierten Veröffentlichung beigetragen haben: den fachwissenschaftlich orientierten Diskussionspartnern und Freunden, die mich zur Publikation der vorliegenden Texte ermutigten. Dank gilt auch dem Herausgeber und Verleger der Reihe "Erziehungskonzeptionen und Praxis" für die darin erfolgte Aufnahme.

Brüssel, im Mai 2005   Birgitta Hamann

Inhaltsverzeichnis

I. Funktionalität und Stellenwert des Faches Deutsch im schulischen Fächerkanon

Das Fach Deutsch hat eine doppelte Perspektive und Aufgabe: Es ist ein Realienfach, insofern es Kenntnis über Sprache und Literatur vermittelt. Und es ist ein Transferfach, insofern es grundlegende Qualifikationen vermittelt, denen auch in anderen Fächern und in der Lebenswelt große Bedeutung zukommt.

1. Argumente für die Stärkung des Faches

Die hohe Einschätzung des Faches, die aufgrund genannter Funktionalität insbesondere durch den Auf- und Ausbau wesentlicher Kompetenzen und Fähigkeiten erfolgt, fand eine erneute Bekräftigung durch die Kultusministerkonferenz. In der überarbeiteten "Vereinbarung zur Gestaltung der gymnasialen Oberstufe in der Sekundarstufe II" (Beschluss der Kultusministerkonferenz vom 7. Juli 1972 i. d. Fassung vom 16. Juni 2000) wurde eine Stärkung des Faches Deutsch festgeschrieben, indem die Beleg- und Einbringungsfrist erhöht wurde. Ferner wurde auch nachdrücklich vermerkt, dass der Bereich Deutsch (neben den Bereichen Fremdsprache und dem Umgang mit mathematischen Symbolen und Modellen) für den Erwerb von Studierfähigkeit relevant ist.

Mit Nachdruck hat vor einiger Zeit auch (wieder) der Deutsche Germanistenverband eine Stärkung des Faches Deutsch und eine Erhöhung seines Stellenwertes eingefordert. Unter Verweis auf Forschungsergebnisse zu realen Gestaltungen und Ausprägungen (inhaltlicher und formaler Art) sowie zu Leistungs- und Wirkmöglichkeiten des Deutschunterrichts (vgl. etwa A. Hoppe 2001, S. 222 ff.) richtete der Verband einen Appell zur "Stärkung des Faches Deutsch" an die deutschen Kultusministerien (abgedruckt in: Mitteilungen des Deutschen Germanistenverbandes, 48. Jg. 2001, H. 2, S. 264-266). In dem diesbezüglich ergangenen Schreiben wird eine relative Schwächung des Faches Deutsch im Fächerspektrum (bei regelmäßig neu zu übernehmenden Aufgaben) und eine Verringerung des Stellenwerts des Faches (angesichts Reduzierung bzw. geringem Anteil betreffs des in Stundentafeln ausgewiesenen Gesamtstundensolls) beklagt. Ferner wird moniert, dass der Anteil des muttersprachlichen Unterrichts in Deutschland im europäischen Vergleich deutlich geringer ist als in anderen Staaten (wie Frankreich, Dänemark, Italien).

Zur Begründung der Stärkung des Faches Deutsch wird expressis verbis angeführt, dass hier "die Grundformen der Kommunikation und der Welt repräsentiert" werden, dass hier "zusammen mit der sprachlich-literarischen Bildung eine große Zahl von Methoden-, Selbst- und Sozialkompetenzen vermittelt" werden. Dadurch würden sowohl die Persönlichkeitsentwicklung und das Sozialverhalten der Heranwachsenden gefördert wie auch die Orientierung des Einzelnen in der Wissensgesellschaft verbessert. Um die Qualität des Deutschunterrichts sicherzustellen, namentlich was die Vermittlung von für das Individual- wie für das Sozialleben in der modernen Welt notwendiger Kompetenzen angeht, appelliert der Deutsche Germanistenverband an die für die Konzeption und die Ausstattung mit Stundendeputaten Verantwortlichen, geeignete Maßnahmen zu treffen, erfolgte Kürzungen im Fach Deutsch rückgängig zu machen, weitere Kürzungen zu verhindern, vielmehr das Fach quantitativ und qualitativ zu stärken.

Neuerdings hat die Diskussion um Stellung, Wertigkeit und Gestaltung des Faches Deutsch durch die Ergebnisse der internationalen Schulleistungsvergleichsstudie PISA und der innerdeutschen Erweiterungsstudie PISA-E neue Impulse erfahren.

2. Spezifische Leistungen als Rechtfertigungsgründe für fachliche Vorrangstellung

Die Forderung nach Stärkung genannten Faches lässt sich mit qualitätsfördernden methodischen, unterrichts- und schulorganisatorischen Maßnahmen begründen. Auch mediale Aspekte, wie der (vermehrte) fachbezogene Einsatz neuer Medien, können diesbezüglich angeführt werden. In ganz spezifischer Weise lässt sich genanntes Postulat im Hinblick auf die Bildungs- und Unterrichtsinhalte des Faches Deutsch rechtfertigen.

Die Frage nach den inhaltlichen Anforderungen an die schulische Bildung ist aufs engste verknüpft mit den Erwartungen an eine solche und an deren Leistungsvermögen. Die Vermittlung von Wissen und Kompetenzen stehen dabei sicher im Zentrum aller Bestrebungen und zielorientierten Maßnahmen des Unterrichts. Dabei nimmt das Fach Deutsch sicher insofern eine zentrale Stellung im Fächerkanon ein, als es Fähigkeiten grundlegt, die auch in anderen Fächern und für alle Lebensbereiche unentbehrlich sind. Schon allein durch die sprachliche "Schulung" trägt es Wesentliches dazu bei, aber auch durch den "Transport" von Ideen und Werten in und durch Sprache. Wichtige Effekte gehen dabei auch von der literarischen Bildung aus.

3. Mehrdimensionale Funktion und detaillierter Auftrag von Schule

Geht man davon aus, dass Schule generell eine individuelle, gesellschaftliche und kulturelle Funktion habe, dann muss sie in dieser dreifachen Hinsicht zur Bewältigung von Gegenwarts- und Zukunftsproblemen beitragen.

Adressaten schulischer Bemühungen können dabei Individuen (Subjekte), aber auch Gesellschaft und Kulturwelt (samt deren Sektoren) sein. Hinsichtlich dieser Adressaten als Objekte zielgerichteter Aktivitäten ergeben sich Aufgaben, deren Bewältigung sich besser in fachspezifischer Arbeit erreichen lässt, während andere eher fächerübergreifende Bemühungen verlangen (wie etwa Moralerziehung, ethische Bildung, Mediensozialisation).

Die hier folgenden Überlegungen sollen primär auf die Adressatengruppe der Individuen (Subjekte bzw. Schüler) bezogen sein. Dabei ist zu bedenken, dass diese in lebensdienlicher Hinsicht gefördert werden sollen, was eine mehrperspektivische Sicht nahe legt, d. h. eine Berücksichtigung gewichtiger Sektoren individueller "Lebenswelten" nötig macht.

Eine Bezugnahme auf die für das Weltverständnis und die eigene Daseinsgestaltung bedeutungsvollen (Lebens-)Bereiche, denen sich heranwachsende Menschen konfrontiert sehen und zur Bewältigung der von dorther sich ergebender Lebensaufgaben ermächtigt werden sollen, lenkt den Blick auf bestimmte Schlüsselqualifikationen bzw. Kompetenzen, an deren Aufbau und Erweiterung die Schule einen maßgeblichen Anteil hat.

Die Frage nach lebensdienlichen Qualifikationen, die als grundlegende und handlungsleitende Garanten dafür gelten können, den in der modernen Lebenswelt gestellten Anforderungen gewachsen zu sein, verweist auf ein breit gefächertes Spektrum von Kompetenzen und Fähigkeiten. Solche beziehen sich teils auf Wissens- und Verstehenshorizonte, andernteils auf Verhalten und Handeln (vgl. die Auflistung lebensdienlicher Schlüsselqualifikationen bei B. Hamann 2002 a, S. 60 f)

4. Diverse Funktionen des Deutschunterrichts

Neben den von der Schule generell zu leistenden Aufgaben, die - ohne konkreten Fächerbezug - der Orientierung und dem Handeln in unterschiedlichen Situationen hilfreich sind, gibt es auch noch solche Aufgabengebiete bzw. Kompetenzbereiche, die sinnvollerweise schwerpunktmäßig bestimmten Fächern oder Fächergruppen zugeordnet werden.

Unter der zentralen Zielstellung der Persönlichkeitsbildung - wozu u. a. die Forderung gehört, Fundamente zu legen, welche ermöglichen, dass die Schüler charakterfest, gesellschafts- und kulturfähig, berufstüchtig werden - fallen dem Deutschunterricht primär folgende Spezifika zu:

Vermittlung von sprachlichen Fähigkeiten und Fertigkeiten

Bei der hier anstehenden Aufgabe geht es um Anbahnung und Förderung detail-
lierter Vermögen, die von der muttersprachlichen Entwicklung bzw. Weiterent-
wicklung über den Erwerb der Kulturtechniken Lesen und Schreiben sowie das
Erfassen sprachlicher Normen (Grammatik) bis zu vielfältiger Anwendung von
Sprache in Informations- und Kommunikationsprozessen reichen.

Vermittlung der Fähigkeit zu verständlichem Umgang mit Texten/Literatur

Hierbei wird nicht nur ein vertieftes Verstehen und Deuten erstrebt, sondern
auch Horizonterweiterung, Herausforderung zu kritischer Bewertung und zu
Kreativität sowie Erweiterung der Allgemeinbildung (insbesondere durch die
Auseinandersetzung mit den in und durch Sprache "transportierten" Inhalten lebensweltlich relevanter Informationen und Ideen).

Sowohl die zuletzt genannte wie auch die zuvor angesprochene und die noch
folgenden Mittler-Funktionen des Deutschunterrichts hängen aufs Engste mit
der Relevanz von Sprache überhaupt zusammen.

Die Bedeutung der Sprache bekundet sich in mehrfacher Hinsicht: Hervorzuhe-
ben ist vor allem, dass sie ein konstitutives Element der menschlichen Lebensform darstellt, Kommunikation und Interaktion ermöglicht, als Vermittler und
Interpretation von Welt fungiert, als Medium der Vergegenwärtigung und des
Ausdrucks von Emotionen sowie als Instrument der Konfliktlösung dienlich ist.

Neben der sprachlich-formalen Grundbildung ist bei den hervorzuhebenden
Funktionen des Deutschunterrichts auf dessen Beitrag zur kulturellen Grundbil-
dung hinzuweisen wie auch auf die über Sprache und Literatur ermöglichte
Teilhabe an zivilisatorischen Errungenschaften und kulturellen Schöpfungen.

Insbesondere die im Literaturunterricht erfolgende Begegnung und Auseinandersetzung mit großen inhaltsbedeutsamen Werken der deutschen Literatur - die
hinsichtlich verschiedener Wissens- und Lebensbereiche kompetenzfördernd
wirkt - sei hier nachdrücklich hervorgehoben.

Manche Deutschdidaktiker fordern einen "produktiven" Umgang mit Literatur
(wozu auch Verfahren der Modifikation gehören) im Deutschunterricht. Dieser
soll nicht nur dem Verständnis literarischer Texte dienen, sondern auch das dort
präsentierte sachlich-inhaltliche Angebot als lebensbedeutsam begreifbar machen. Er soll die Chance bieten, unbekannte Gefühls- und Phantasiewelten kennen zu lernen; ferner emotionale, imaginäre und ästhetische Erfahrungen zu machen; individuelle sowie gesellschaftliche Möglichkeiten zu erkunden; die
Selbst- und Welterfahrung zu erweitern und zu vertiefen (vgl. G. Waldmann

1999, S. 1; s. a. G. Haas 1997, S. 34 ff.). Andere, eher prozess- als produktions-orientierte Autoren, rücken in der unterrichtlichen Literaturarbeit das dort ablaufende prozesshafte Geschehen in den Mittelpunkt. Sie erwarten positivere Einflüsse auf die Entwicklung der Schüler wie auch höhere Lerneffekte bei einem auf Überarbeitungsprozesse abhebenden Umgang mit Literatur (vgl. Mitteilungen des Deutschen Germanistenverbandes 2001, H. 2, S. 203, 207).

Vermittlung kultureller Kompetenz

Dem Deutschunterricht als Faktor der Kulturvermittlung obliegt dabei ein Mehrfaches: Er soll das Verständnis für Kultur (i. S. von bedeutsamen materiellen und geistigen Leistungen bzw. "Schöpfungen" und Lebensäußerungen) wecken, zur kulturellen Teilhabe motivieren sowie zum verantwortlichen Engagement für Erhalt und Propagierung von Kulturgütern animieren. Solchermaßen wirkt der Unterricht - zu dessen Gegenständen Phänomene wie Bildende Kunst, Literatur, Musik, Technik, Rechtswesen, Bildungswesen, Wissenschaft, Religion, Wertekodizes, Institutionen gehören - nicht nur am kulturellen Gedächtnis der Gesellschaft mit, sondern auch an deren Erneuerung.

Zur Vermittlung von kultureller Kompetenz (s. a. R. Köhnen 1998) rechnet man im Speziellen auch die Fähigkeit zu prüfendem und vergleichendem Nachdenken über kulturelle Bereiche und deren Geltungsanspruch sowie die Anbahnung eines Verständnisses von Kultur, welches das Partikuläre übersteigt, um die Differenzen und das Einigende begreifen und einen eigenen handlungsorientierten Standpunkt gewinnen zu können. Das erscheint nicht nur nötig angesichts der kulturbezogenen Herausforderungen des "eigenen" Kulturraums, sondern auch hinsichtlich des Nebeneinanders unterschiedlicher Kulturen. Schließlich ist ja ein friedliches Zusammenleben von Menschen mit unterschiedlicher kultureller Herkunft und Prägung ein wesentliches Element interkultureller Kompetenz. Voraussetzung dafür ist das Offensein für Fremdes (nicht vertraute Lebensäußerungen) und die Bereitschaft, die Würde und Eigenart anderer Menschen zu achten sowie ihnen das Recht auf kulturelle Selbstbestimmung zuzugestehen.

Dem Erwerb solcher Einstellungen und Grundhaltungen dient interkulturelles Lernen (Näheres dazu etwa bei G. Auernheimer u. a. 2000), das angesichts der multikulturellen Gesellschaft und der global vernetzten Welt einen wichtigen schulischen Auftrag darstellt. Als damit verbundene Zielstellungen können genannt werden: Toleranz gegenüber fremden Lebensweisen, Elementarkenntnisse über andere Kulturen, Reflexion des eigenen kulturellen Erbes und Verständnis anderer mit abendländischen Vorstellungen "konkurrierender" Ordnungssysteme, Teilnahme am interkulturellen Dialog, eventuelle Einordnung andernorts hochgeschätzter Kulturgüter in das eigene geistig-kulturelle Koordinatensystem. Die moderne Lebenssituation mit ihren Wandlungen und Umbrüchen fordert nicht nur zur Erweiterung von Kenntnissen in der wissenschaftlich-technisch geprägten Welt heraus, sie schafft auch neue Bedürfnisse und verlangt nach halt- und sinngebenden Orientierungshilfen. In der Bildungsdiskussion unserer Tage werden solche - auch unter beachtlichen Akzentverschiebungen - aufgegriffen und als ("aktuelle") schulische Aufgaben deklariert. Einige davon, die vorrangig dem Deutschunterricht abverlangt werden, sollen hier noch kurz skizziert werden.

Vermittlung bildungswirksamer Fähigkeiten und Fertigkeiten

Die dem Deutschunterricht in besonderem Maße zukommende allgemein bildende Funktion erweist sich angesichts der Herausforderungen unserer Zeit in mehrfacher Hinsicht als nützlich. Das immer raschere Anwachsen von Kenntnissen und Wissensbeständen, insbesondere auch die rapide Entwicklung der Kommunikationstechnologien in der modernen Gesellschaft erfordern Fähigkeiten, mit der Vielfalt von Einflüssen und Informationen sachgerecht umzugehen und einen sinnvollen Gebrauch davon zu machen. Zu solchen lebensnützlichen Fähigkeiten rechnen wir Schlüsselqualifikationen, die sozusagen für die Schüler eine verlässliche Basis bilden für die Orientierung, Strukturierung und Auswertung der ihnen begegnenden und zur Verarbeitung aufgegebenen Lerngegenständen in den einzelnen Lernbereichen.

Im Anschluss an K. H. Spinner (1997, S. 54 ff.) seien einige Qualifikationsmerkmale allgemein bildenden Charakters, deren Vermittlung vornehmlich dem Deutschunterricht aufgetragen ist, kurz angedeutet.

In allen Lebens- und Lernfeldern kommt der Schrift und dem Umgang mit Texten eine wesentliche Bedeutung zu. Das ist sogar beim Gebrauch des Computers der Fall. Einübung in Lesen, Schreiben ist daher nicht nebensächlich, sondern ein unabdingbares Erfordernis wie auch die Einweisung in richtiges Reden und Sprechen bzw. der Ausbildung der Gesprächsfähigkeit (z. B. durch Gruppenarbeit und Diskussion).

Einen weiteren schwerwiegenden bildenden Beitrag leistet der Deutschunterricht durch die Stiftung kultureller Kohärenz. Es geht dabei um ein gemeinsames kulturelles Wissen: ein Wissen, in dem die Verbindung zwischen der heutigen Lebenswelt und der historischen Tradition gewahrt ist, ein Wissen, das unsere heutigen Wahrnehmungs-, Denk- und Vorstellungsweisen als historischtraditionell verwurzelt und unser Weltverständnis von dorther mitbestimmt erkennen lässt.

Solches "Wissen", dem übrigens auch die Akzeptanz des Fremden (angesichts verschiedener kultureller Traditionen) zukommt, stellt sich aufgrund des Umgangs mit literarischen Texten ein, aber auch durch Gestaltung kommunikativer Situationen in der Schule.

Die in Auseinandersetzung mit Literatur eröffneten Einsichten bieten Weltorientierung sowohl hinsichtlich der äußeren als auch der inneren Welt. Da sich Literatur mit grundlegenden Lebensaufgaben befasst, erschließt sie lebensbedeutsame Horizonte und vermittelt Kenntnisse über unterschiedliche Welt(an)sichten und Lebensperspektiven. Das Kennenlernen und Verstehen dessen, was andere Menschen wahrnehmen, denken und wie sie ihre Erfahrungen verarbeiten, gewinnt Relevanz für die eigene Welt- und Aufgabensicht, für Selbstverständnis und Lebensführung.

Neben den eben genannten über den Literaturunterricht vermittelten Anstößen und initiierten Lernprozessen sei hier im Besonderen auf die reflexionsanregende Kraft solchen Unterrichts aufmerksam gemacht. Die Schüler in die Auseinandersetzung mit wesentlichen Lebensfragen zu verwickeln, gehört zu den Grundanliegen des Literaturunterrichts. Eine besondere Qualität erhält die Reflexion über literarische Texte einerseits dadurch, dass diese Anlass bieten, zu den dort vorfindbaren Problemstellungen(etwa handelnder Personen), Handlungsregulativen, Rollenbildern, Wünschen, Phantasien, Konfliktlösungsmodellen usw. kritisch Stellung zu nehmen und einen Bezug zur eigenen Lebenssituation herzustellen. Andererseits erhält die Reflexion über literarische Texte eine besondere Qualität "dadurch dass es sich um eine handlungsentlastete Situation handelt, die ein Durchspielen von Möglichkeiten erlaubt und ein Stück weit befreit von den Zwängen, die in der Alltagswirklichkeit Denken und Fühlen einschränken" (K. H. Spinner 1997, S. 56).

Sicher gibt es noch weitere Perspektiven und Sachverhalte, die auf besonders im Deutsch-/Literaturunterricht zu bewältigende Aufgaben verweisen, denen auch bildungswirksame Geltung zugesprochen werden kann. K. H. Spinner markiert noch einige solcher unter den Stichworten "Entfaltung von Verantwortungsbereitschaft", "Einübung in Verständigung und Kooperation", "Stärkung des Schüler-Ichs" (vgl. ebd., S. 36 f.).

Vermittlung von ästhetischer Kompetenz

Von ästhetischer Kompetenz kann in mehrfacher Hinsicht gesprochen werden. So etwa hinsichtlich des Vermögens, künstlerisches Empfinden zu haben bzw. zu zeigen; ferner hinsichtlich der Fähigkeit angesichts kultureller Phänomene unter dem Aspekt des Schönen/Geschmackvollen zutreffende Urteile bzw. Unterscheidungen treffen zu können; des Weiteren hinsichtlich der Befähigung mittels Sinnestätigkeit auf Realitäten (Wirklichkeiten) unserer Lebenswelt zuzugreifen und - gefühlsgemäße Elemente inbegriffen - Weltbeziehungen herstellen zu können. Von ästhetischer Kompetenz spricht man besonders auch, wenn auf die aus ästhetischen Erfahrungen sich ergebende Konsequenzen für die Lebensführung bzw. Lebensstilisierung hingewiesen werden soll: auf Komponenten und Äußerungsweisen, die sich auf den Bereich der Einstellungen und Orientierungen sowie auf Handlungs- und Verhaltensweisen erstrecken und in der Ästhetisierung der Lebenswelten zum Ausdruck kommen (z. B. in Freizeitaktivitäten, Mode, Wohnkultur usw.).

Für die Vermittlung bzw. den Erwerb ästhetischer Kompetenz spielt die Auseinandersetzung mit lebensweltlichen Gegenständen und Sichtweisen und den dabei gemachten Erfahrungen eine wesentliche Rolle. Man spricht diesbezüglich von "ästhetischer" Erziehung, Bildung und Lernen, je nach dem, welcher Aspekt besonders akzentuiert werden soll (vgl. z. B. J. Bauer 2000; K. Mollenhauer 1995; H. R. Müller 1999; G. Otto/G. Otto 2001). Als konsensfähig kann m. E. die Feststellung gelten: kulturelle Erscheinungen sind Ausgangspunkte für Zugriffe auf Welt und Basis für nicht-wissenschaftliche Erkenntnisgewinnung. Was an ihnen sinnlich wahrgenommen und erlebt wird bzw. Erfahrungen schafft, ist insofern von hoher Bedeutung, als dabei ein wirklichkeitserschließender Zugang erfolgt, der sich auf künftige Erfahrungen realitätserschließenden Charakters auswirkt.

Laut H. Müller bedarf ästhetische Bildung allemal eines Mediums, im Hinblick auf das ein Bildungsvorgang stattfindet (H. R. Müller, S. 84). Und für G. Otto/G. Otto sind die von Medien ausgehenden Wirkungen aufgrund ihrer ästhetische Erfahrungen ermöglichenden Erkenntnissen und Weltbeziehungen wesentliche Komponenten eines "eigenen Modus des In-der-Welt-Seins" (vgl. dies. S. 14, 16 f.).

Inhalte bzw. Gegenstände, die als Medien ästhetischen Lernens relevant sein können, sind künstlerische Ausdrucksmittel, wie sie in Kunst, Literatur, Musik vorliegen. Darüber hinaus kommen aber auch andere prägende Gegenstände unserer Lebenswelt in Betracht (wie Architektur, Lebensstile, Umgangsformen,

Esskultur, Medien usw.), im weitesten Sinne alle sinnlich erfahrbaren Hervorbringungen der Kultur.

Ein Teil solcher bildungswirksamer Lerngegenstände sind Unterrichtsgegenstände besonderer Schulfächer (Kunst, Sprachen, Musik, Sport, Literatur). Im Deutschunterricht, der in besonderer Weise an der Ausbildung und Förderung künstlerischen Empfindens beteiligt ist, aber auch an anderweitigen Erlebnis- und Gestaltungsformen maßgeblichen Anteil hat, trägt speziell durch Vermittlung anspruchsvoller Sprache und Literatur (und den dabei aufgewiesenen Unterscheidungskriterien) zur ästhetischen Bildung bei. Sein Beitrag zur Aneignung der ästhetisch-kulturellen Tradition und zur Förderung der ästhetischen Ausdrucks- und Erfahrungstätigkeit (vgl. H. Müller 1999, S. 85) ist dabei besonders zu würdigen wie auch die durch ihn gebotene Möglichkeit zur Intensivierung von Kreativität und Phantasie bzw. von Einbildungs- und Schöpfungskraft im Sinne des Aufbaus einer inneren Welt (vgl. ebd., S. 86).

Vermittlung von ethischer Kompetenz

Zu den zentralen Herausforderungen der Schule angesichts der pluralisierten Lebenswelt gehört die ethische Erziehung und Bildung. Diese ist bestrebt, die Suchbewegungen junger Menschen in ihrem Ringen um Sinn- und Wertverständnis zu unterstützen und ihrem Verlangen nach verhaltensregulierenden Ordnungsprinzipien und Maßstäben entgegen zu kommen.

Die hierbei anstehenden Sachverhalte und Bezüglichkeiten werden unter den Termini Moral/moralisch sowie Ethik/ethisch behandelt und oft unter undifferenzierter Begrifflichkeit angegangen. Differenzierung ist aber durchaus möglich, etwa unter folgenden Definitionen: Unter Moral versteht man die Gesamtheit jener Urteile, Regeln, Pflichten, Denkweisen und Einstellungen, die dem Einzelnen wie auch Gruppen "nahe legen", was man in bestimmten Situationen tun oder unterlassen soll. Ethik ist jene wissenschaftliche Disziplin, die sich reflexiv und argumentativ auf die Moral bezieht. Sie untersucht moralisches (sittliches) Entscheiden und Handeln auf ihre Ursprünge, ihren wesentlichen Gehalt, ihre Geltungsgründe und Bedeutung.

Darauf gerichtete pädagogische Bemühungen intendieren den Erwerb (auch Erhalt oder Veränderung) von sittlichen Grundhaltungen und Verhaltensweisen samt den diese begründenden "Wissensbeständen". Angezielt wird ein "gesitteter" Mensch, der nicht bloß durch eine respektable individual-personale Charakterprägung ausgewiesen ist, sondern darüber hinaus auch durch einen reflektierten, selbstbestimmten und solidarisch-verantwortlichen Umgang mit Werten und

Normen das gemeinsame (gesamtgesellschaftliche) Leben befruchtet. Die darauf abzielenden Aktivitäten und Gestaltungen sollen demnach einem doppelten Zweck dienen: einem geordneten Daseins- und Lebensvollzug des Individuums wie auch einem funktionierenden (humanen) Sozial-/Gesellschaftsleben.

Das Leitziel ethischer Erziehung und Bildung ist die Vermittlung bzw. der Erwerb von sittlicher (humaner) Kompetenz. Diese generelle Zielstellung lässt sich in Teilziele gliedern, die auf zentrale Bereiche der Moral bezogen sind. Dieses Bezugs wegen wird vielfach auch von moralischer Erziehung und Bildung gesprochen.

Der Begriff Moral, der eine Gesamtheit von Denkweisen, Einstellungen und Verhaltensweisen bezeichnet, benennt für die Daseinsweise des Menschen einen Grundrahmen für das Verhalten gegenüber Mitmenschen, zur Natur und zu sich selbst. Zu moralischem bzw. sittlichem Verhalten und Handeln gehört, sich nach sittlichen Ansprüchen ("Grundsätzen der Sittlichkeit") auszurichten, das als "gut" und "richtig" Erkannte frei und ohne Zwang zu verwirklichen zu suchen, die im jeweiligen Lebensumfeld als verbindlich akzeptierten Werte und eingehaltenen Regelungen (Normen) zu respektieren und bei Anerkennung ihrer berechtigten Geltung sie dem eigenen Verhaltensrepertoire einzugliedern (zu näherer Kennzeichnung von Komponenten moralischer Erziehung vgl. etwa: G. Adam/F. Schweitzer 1996; K. Dehner 1998; B. Hamann/B. Hamann 2002; S. Uhl 1996).

Moralische Erziehung stellt ein wichtiges Unterrichtsprinzip dar. Aber auch die einzelnen Fächer können und sollen dazu spezifische Beiträge leisten (besonders der Deutsch-, Sozialkunde-, Geschichts-, Religions-, Ethik- und Sportunterricht).

Was der Deutschunterricht zur moralischen Erziehung beitragen kann, betrifft einmal die Inhaltsebene, dann aber die verwendeten Unterrichtsmethoden, das Unterrichtsklima und die Unterrichtsorganisation insgesamt (vgl. dazu F. Schweitzer 1997, S. 311 f.). Als Unterrichtsmethoden scheinen solche besonders geeignet, welche die Schüler zu eigener Urteilsfähigkeit herausfordern, ihnen eigenverantwortliche Bearbeitung abverlangen und ihnen die Möglichkeit bieten, eigene Erfahrungen und Wertvorstellung mit einzubringen. Die Behandlung, besonders die von Schülern in Eigenverantwortung erfolgende Bearbeitung inhaltsträchtiger Fallstudien eignen sich dafür in hervorragender Weise, wie übrigens auch die sogenannten Dilemmadiskussionen. Auch gewisse Formen des Spiels können kompetenzfördernd sein (beispielsweise Stegreif-, Rollen- oder Theaterspiel).

Unterrichtsklima und -organisation beeinflussen die Schüler in unterschiedlicher Weise. Der Geist des Miteinander-Umgehens und Integrierens von Schülern und Lehrern prägt und bewirkt auch die Erweiterung ethischer Kompetenz, speziell dann, wenn die Schüler in die Unterrichtsplanung und -gestaltung mit einbezogen werden (z. B. bei der Auswahl von Schullektüre, bei der Schwerpunktsetzung verschiedener Lerninhalte oder bei Überlegungen zur Erschließung eines Stoffes). Qualifizierende Effekte können auch bei der aktiven Einbindung zur Vorbereitung und bei der Durchführung von Projekten (vor allem mit ethischen Inhalten) erwartet werden.

Die Vermittlung und der Erwerb ethischer Kompetenz kann vornehmlich dort erfolgen, wo die Schüler sich mit ethischen Themen, moralisch relevanten Sachverhalten, Geschehnissen mit lebens- und kulturträchtigen Werten und Normen konfrontiert und zur Stellungnahme herausgefordert sehen. Vorkommnisse in der Alltagswelt, evtl. auch im Schul- oder Klassenverband, liefern dafür reichlich Stoff. Literaturunterricht bzw. literarische Texte (verschiedener Genres) bieten vielfältige Gelegenheit, sich damit auseinander zu setzen.

Wichtig erscheint, dass im Unterricht Lehrer und Schüler gemeinsam nach moralischen Dingen fragen und sie gemeinsam zu beantworten suchen. Bei der Auswahl der Texte mit moralischen Inhalten wie auch bei der didaktischen Organisation sollte auf die jeweilige Schülergruppe und deren Problem- bzw. Fragehorizont Bedacht genommen werden. Die verschiedenen Standpunkte sollen zum Ausdruck kommen dürfen. Für Moralismus und im Vorhinein festgelegte Wertpostulate darf es keinen Raum geben.

5. Schlussbemerkung

Man könnte sicherlich die Reihe der Leistungen, die wir als Rechtfertigungsgründe für die zentrale fachliche Rangstellung des Faches Deutsch im Fächerkanon der Schule umrissen haben, noch ergänzen. Das könnte geschehen, indem eine weitere Differenzierung der angeführten Kompetenzbereiche vorgenommen wird, aber auch dadurch, dass neue Qualifikationen, an deren Vermittlung der Deutschunterricht einen maßgeblichen Anteil hat, markiert werden. Hinsichtlich beider Möglichkeiten können unverzichtbare Leistungen und Lernziele akzentuiert werden, die allemal der Schule aufgetragen sind (vgl. etwa B. Hamann 2002). In fachdidaktischer Reflexion ist dabei zu klären, was und wie der Deutschunterricht bestmöglich dazu beitragen kann, der Orientierung dienendes und die konkrete Lebensführung fundierendes Wissen und Können zu vermitteln.

6. Literatur

Adam, G. und Schweitzer, F.: Ethisch erziehen in der Schule, Göttingen, 1996.

Auernheimer, G. u. a.: Interkulturelles Lernen. Arbeitshilfen für die politische Bildung, Bonn 2000.

Bauer, J. u. a. (Hg.): Schnittmengen ästhetischer Bildung. Zwischen Künsten, Medien, Wissenschaften und ihrer Didaktik, München 2000.

Dehner, K.: Lust an Moral. Die natürliche Sehnsucht nach Werten, Darmstadt 1998.

Eikenbusch, G.: Qualität im Deutschunterricht der Sekundarstufe I und II, Berlin 2001.

Haas, G.: Handlungs- und produktionsorientierter Literaturunterricht. Theorie und Praxis eines "anderen" Literaturunterrichts für die Primar- und Sekundarstufe, Seelze 1997.

Hamann, B. und Hamann, B.: Moralvermittlung als Aufgabe der Schule angesichts der pluralisierten Lebenswelt, in: Hamann, B.: Neue Herausforderungen für eine zeitgemäße und zukunftsorientierte Schule, Frankfurt/M. u. a. 2002, S. 7-23.

Hamann, B.: Theorie pädagogischen Handelns. Strukturen und Formen erzieherischer Einflussnahme, Donauwörth 1994.

Hamann, B.: Was eine moderne Schule sein und leisten soll. Reformperspektiven aus mehrdimensionaler Sicht. Katholische Bildung, 103 (12), 2002, S. 10-22.

Hoppe, A.: Kernfach Deutsch: Anspruch und Wirklichkeit - Defizit und Leistungen; zum Stellenwert des Faches Deutsch. Mitteilungen des Deutschen Germanistenverbandes 48 (2), 2001, S. 222-262.

Köhnen, R. (Hg.): Wege zur Kultur. Perspektiven für einen integrativen Deutschunterricht, Frankfurt/M. u. a. 1998.

Konrad-Adenauer-Stiftung: Bildungsoffensive durch Stärkung des Deutschunterrichts. Initiative "Bildung der Persönlichkeit", Sankt Augustin. 2001.

Mitteilungen des Deutschen Germanistenverbandes 48. Jg. 2001, H. 2.

Mollenhauer, K.: Grundfragen ästhetischer Bildung, Weinheim/München 1995.

Müller, H. R.: Bildung, ästhetische (inkl. Phantasie und Kreativität), in: Reinhold, G., Pollak, G. und Heim, H. (Hg.), Pädagogik-Lexikon, München/Wien, 1999, S. 84-87.

Otto, G. und Otto, G.: Ästhetische Erziehung, Ästhetisches Lernen, in: Mette, N. und Rikers, F. (Hg.), Lexikon der Religionspädagogik, Bd. 1, Neukirchen-Vluyn 2001, S. 12-18.

Spinner, K. H.: Der Beitrag des Deutschunterrichts zur Allgemeinbildung. Pädagogik, 49 (2) 1997, S. 54-57.

Uhl, S.: Die Mittel der Moralerziehung und ihre Wirksamkeit, Bad Heilbrunn 1996.

Waldmann, G.: Produktiver Umgang mit Literatur im Unterricht. Grundriß einer produktiven Hermeneutik. Theorie, Didaktik, Verfahren, Modelle, Hohengehren 1999[2].

II. Grundfragen der Literaturdidaktik

Es ist schwierig, den gesamten Fragenkomplex der Literaturdidaktik auf engem Raum zu umreißen. Gleichwohl sollen einige Aspekte bzw. Themenbereiche akzentuiert werden, die zum Gegenstands- und Handlungsfeld „Literaturdidaktik" gehören und selbstverständlich weiterer Differenzierungen und Ergänzung bedürfen. Dies mitbedenkend möchte ich hier eine gewisse Schwerpunktsetzung vornehmen, die ihre Kristallisationspunkte in den Begriffen „Germanistik", „Literatur" und „Deutschunterricht" hat.

1. Begriffliche Bestimmungen

Der Ausdruck "Germanistik" bezeichnet die Wissenschaft von der deutschen Sprache und ihrer geschichtlichen Entwicklung. Dieser terminologische Dachbegriff umfasst – wie die Studienordnungen und Organisationsstrukturen der meisten deutschen Universitäten ausweisen – drei germanistische Teilfächer mit jeweils unterschiedlichen Gegenstandsbereichen und Arbeitsweisen: Linguistik (Sprachwissenschaft), Literaturwissenschaft (Gegenstandsbereich: Literatur der Neuzeit), Mediävistik (Gegenstandsbereich: mittelalterliche Literatur). Bei der Beschäftigung mit den genannten Gegenstandsbereichen legt sich eine Verbindung von historischen und systematischen Aspekten nahe (vgl. J. Vogt 1999, S.9 ff.)

Der Begriff „Literatur" meint in einem weiten Sinne alles mittels Schriftzeichen Aufgezeichnete, einen auf diese Art und Weise festgehaltenen und lesbaren Text. Er umfasst demnach alle Schriftwerke. In einem engeren Sinne bezeichnet er kultur- und geistesgeschichtliche Texte, in einem speziellen Sinne steht er für fachbezogene Texte (Fachliteratur). Unter Wertungs- und Nutzungsgesichtspunkten unterscheidet man „hohe" und „triviale" Literatur, Unterhaltungs-, Gebrauchs- und Tendenz- bzw. Zweckliteratur.

„Deutschunterricht" ist die Bezeichnung für ein schulisches Unterrichtsfach mit dem Ziel sprachlicher und literarischer Bildung. Die Sprachbildung erfolgt in Anleitung zum Lesen und Schreiben, Vermittlung von Grammatik, Rechtschreibung und Interpunktion, Förderung der mündlichen und schriftlichen Ausdrucksfähigkeit und durch Sprachreflexion. Die literarische Bildung erfolgt in Auseinandersetzung mit Texten jeglicher Art, durch Lektüre und Interpretation mit dem Ziel, literarisches und textkritisches Verständnis sowie darauf bezogene Kompetenzen zu entwickeln. Im Hinblick auf Aufgaben und Zielstellung des Deutschunterrichts konkurrieren verschiedene Ansätze bzw. Konzepte.

Ein zentraler Bestandteil des Deutschunterrichts – insbesondere in höheren Klassenstufen (des Gymnasiums und anderer Schularten) – ist der Literaturunterricht. Seine Gestaltung wirft die Frage auf nach Inhalten des zu Lernenden (Was-Frage) wie auch nach den Wegen, Strategien und Verfahren des Vermittelns bzw. Erwerbs von Erkenntnissen und Inhalten (Wie-Frage). Es geht hier also um die didaktische und die methodische Fragestellung. Damit befasst sich die Didaktik und die als Teilgebiet von dieser einzustufende Methodik. Die mit diesem Fragenkomplex beschäftigte „Literaturwissenschaft" kann verstanden werden als „Theorie des Lehrens und Lernens von Literatur in Lernkontexten", wobei mit Lernkontext meistens der Deutschunterricht mit seinen prozesshaften Geschehensabläufen bzw. Lernprozessen gemeint ist. Laut E. Paefgen, die eben darauf hinweist, „geht es in der Didaktik um die Aufarbeitung der Geschichte sowie um die theoretisch begründete Antizipation, Konzeption und Reflexion des literarischen Lernens" (E. Paefgen 1999, S. VII), eines Lernens, das den Erwerb von Kenntnissen und Wissen ermöglicht, die nötig sind, den Text zu verstehen und die Wahrnehmungsfähigkeit für die indirekte Form der Wissensvermittlung über Welt und Menschen, die in literarischen Texten enthalten ist, zu schöpfen (ebd., S. VII).

2. Zur Grundlegung der Literaturdidaktik

Die Literaturdidaktik als Teilgebiet der Literaturwissenschaft befasst sich schwerpunktmäßig mit Grundfragen eines methodisch reflektierten Umgangs mit Literatur und speziell mit Zielen, Inhalten und Verfahren des Literaturunterrichts.

Bei den Texten und Problemen, die es in der Literaturdidaktik zu klären gilt, geht es zentral um den Wechselbezug zwischen Autor, Text bzw. Werk und Rezipienten (Zuhörer, Zuschauer, Leser). Dabei gewinnt die Frage nach dem Wesen der Literatur und nach ihrer Wirkung eine hervorragende Bedeutung. Dient sie einem erzieherisch-humanen oder einem anderen Zweck? Erfüllt sie mehrere Funktionen und welche sind höher einzuschätzen als andere? Welche Art von Literatur ist es wert, in der Schule dargeboten zu werden, zur Auswahl gestellt oder unter schulischen Zielstellungen „zubereitet" zu werden (im Deutsch-, d.h. speziell im Literaturunterricht).

Die heute vorliegenden literaturdidaktischen Ansätze bzw. Konzeptionen basieren - je nachdem, was in den genannten Wechselbezügen akzentuiert wird, welche Leistungen von Literatur erwartet und in Zielstellungen des schulischen Unterrichts einbezogen werden können oder sollen - auf unterschiedlich gewichteten und begründeten Grundlagen, wobei neben. sachbezogenen auch entwicklungspsychologische, soziologische und kulturbezogene Sachverhalte eine Rolle spielen. Dass es daher eine Vielfalt solcher Konzeptionen und Modelle gibt, ist nicht verwunderlich. Solche sind wissenschaftlich sehr unterschiedlich grundgelegt.

Eine wissenschaftstheoretisch fundierte Literaturdidaktik stammt z.B. von J. Kreft (1977). Seiner Auffassung nach bedarf die Literaturdidaktik einer weit gespannten theoretischen Grundlegung, nämlich eines Theorierahmens, der theoretische Ansätze integriert, „die sich auf die Evolution der Gattung und des Individuums und auf Sprache, Kunst (Poesie), Moral, Arbeit, gesellschaftliche Institutionen usw. beziehen" (J. Kreft 1977, S.11). Erst auf der Grundlage eines solchen wissenschaftstheoretischen Rahmens lassen sich nach Überzeugung des Autors die Grundfragen der Literaturdidaktik bestimmen, begründen und rechtfertigen. Auf dieser Basis entfaltet Kreft eine literaturdidaktische Konzeption, welche die Bedeutung der Literatur, zumal der ästhetischen oder poetischen, für die Ich-Entwicklung der Heranwachsenden betont zur Geltung bringt und damit zugleich von der individuellen und gesellschaftlichen Bedeutung ästhetischmimetischer Kommunikation ausgeht (vgl. ebd., S.11, 24ff).

Kreft markiert in seiner Konzeption nicht nur zentrale Aspekte eines wirkungsvollen Literaturunterrichts, wobei auf den Bezug von Literatur auf die individuelle, soziale und geschichtliche (kulturelle) Evolution dezidiert eingegangen und darauf bezogene fördernde Funktionen des Literaturunterrichts herausgestellt werden. Darüber hinaus werden Ziele, Inhalte und gangbare Wege (Methoden) solchen Unterrichts vorgestellt, wobei der Begründung von Lernzielen besondere Bedeutung zugesprochen und solche auch vom System der Grundkompetenzen aus (kognitive, sprachliche, interaktive, ästhetische Kompetenz) geleistet wird.

Als Grundprobleme (Metaprobleme) der Literaturdidaktik, die der Erörterung von Binnenproblemen des Literaturunterrichts vorausgehen und diesen fundieren, gehören seines Erachtens die fundamentale Bedeutung der Sprache bzw. Rede als konstitutives Element der menschlichen Lebensform[1], die Relevanz von Sprache/Rede (Literatur) für die Ich-Entwicklung im Sinne eines kognitiven, interaktiven und sprachlichen Kompetenzerwerbs, der die Gewinnung und Bewahrung einer Ich-Identität ermöglicht, in der das Subjekt den biographischen und den sozialen Aspekt der Identität balancierend integriert (vgl. ebd., S. 98ff.).

---

[1] Was für die Sprache allgemein gilt, gilt in spezieller Weise für die Literatur als Sprache und Rede. In ihr widerspiegelt sich die individuelle und gesellschaftliche Evolution, ermöglicht solche zugleich und verknüpft sie mit der allgemeinen Entwicklung (vgl. S. 81).

Als weitere abzuklärende Grundprobleme kennzeichnet Kreft die Fragen nach Erkennen, Erklären und Verstehen (vgl. ebd., S. 121ff). Für unverzichtbar hält er fundamentale und gültige Einsichten in Strukturen und Bedürfnisse der gegenwärtigen Gesellschaft, speziell unter dem Gesichtspunkt, daraus Hinweise auf fachdidaktisch relevante allgemeine pädagogisch-didaktische Ziele und Motivationen zu erhalten (vgl. ebd., S. 151 ff.). Einblicke in die Entwicklung von Kunst und Poesie schließlich können in verschiedener Hinsicht zukunftsweisende Fingerzeige abgeben, besonders auch, was normative Setzungen und Regelungen – speziell in methodischer Hinsicht – sowie die Dimensionen des Ästhetischen angeht (vgl. ebd., S. 161 ff.).

Der Versuch Krefts, literaturdidaktische Kernfragen aus einer umfassenden Theorie der geschichtlichen, soziokulturellen und individuellen Evolution abzuleiten und solchermaßen zu begründen, hat die Entwicklung der Literaturdidaktik und ihrer differenzierten Fragestellung nachhaltig beeinflusst. Auch die moderne Literaturdidaktik seit Ende der 70ger Jahre, die eine neue Phase ihrer Entwicklung markiert[2], lässt die Tendenz erkennen, literaturdidaktische Fragen und Konzeptionen von human- und sozialwissenschaftlichen Theorien bzw. Forschungsergebnissen abzuleiten. Das zeigt sich z.B. deutlich im Bemühen um eine effektivere Einbindung literarischer Stoffe als unterrichtliche Lerngegenstände, um eine weitere Theoretisierung der Erforschung literarischer Lehr- und Lernprozesse, um zeitgemäße Rezeptions- und Interpretationsmöglichkeiten (mit stärkerem Subjekt- als werkimmanentem Bezug), um vermehrte Berücksichtigung neuerer Literatur (neben klassischer), um Erweiterung des Literaturbegriffs, auch durch Einbeziehung prägender Medien.

3. Literaturdidaktische Problem- und Aufgabenbereiche

Die zuletzt genannten Tendenzen und Bestrebungen verweisen auf unterschiedliche Aufgabenfelder und Richtungen, insbesondere auf verschiedene Orientierungen des Literaturunterrichtes.

Folgende Problemkonstellationen stehen hier an und sind in einem qualitativen Literaturunterricht zu berücksichtigen:

- die Auswahl der zu vermittelnden Stoffe (Kanonproblem)
- Lesen als Basisaktivität des Literaturunterrichtes
- Literarisches Schreiben als literaturunterrichtlicher Bestandteil

---

[2] Bis dahin war die didaktische Problemstellung, deren Anfänge ins 19. Jh. zurückreichen, weniger differenziert, wissenschaftstheoretisch untermauert und schulpraktisch konzipiert (vgl. E. Paefgen 1999, S.1 ff.; F. Hassenstein 1998, S. 469 ff.).

- Literarische Gespräche als Medium des Textverstehens[3]
- Medien als literaturunterrichtliche Komponenten

Kanonproblematik

Zu den zentralen Fragen der literaturdidaktischen Disziplin gehört das Kanon-problem. Dabei geht es um eine als verbindlich gedachte und mustergültig ein-geschätzte Zusammenstellung von literarischen Texten (Werken), deren Kennt-nis für eine gewisse Bildungsstufe vorausgesetzt wird. Eine Kanonbildung liegt insbesondere dem Literaturunterricht, Lehrplänen, Lehrbüchern und Antholo-gien zugrunde. Der Bestand solcher kanonisierter Texte/Werke unterliegt zeitli-chen und kulturellen Veränderungen. Literatur- und Leselisten bekunden be-stimmte Wertungen. Während früher die Gültigkeit eines festgesetzten Kanons weitgehend anerkannt war, setzte in mündlich und schriftlich geführten Debatten Kritik und der Ruf nach Revision ein. Seit den 70ger Jahren des 20. Jh. gibt es bei uns keinen unumstrittenen gültigen Literaturkanon mehr[4].

In der schulischen Lektüre-Praxis hat sich innerhalb eines empfohlenen Rah-mens – selbst bei Vorgaben offizieller Rahmenpläne und Richtlinien – weitge-hend das Auswahlprinzip durchgesetzt.

Wie die Kanondiskussion zeigt, gibt es in der Bundesrepublik sehr differenzierte Vorstellungen und Handhabungen hinsichtlich des Funktionsverständnisses ei-nes Literatur-Kanons und hinsichtlich der Einhaltung von Empfehlungen und Vorschriften[5]. Während manche Festlegungen bzw. Regulierungen für überflüs-sig halten oder auf ein Minimum reduziert sehen möchten, plädieren erstaunlich viele andere für konkrete umgrenzte Vorgaben. Sie sprechen sich für kanonische Orientierungshilfen in Form von Literatur- bzw. Leselisten oder Lektüreempfeh-lungen aus. Dafür werden pragmatische Gründe angeführt (Hilfestellung für eine notwendigerweise zu begrenzende Auswahl – angesichts eines vorhandenen wachsenden Lektüre-Umfangs seitens sachkundiger und erfahrener Experten). Manche plädieren unter Hinweis auf die funktionale Bedeutung literarischer Kenntnisse für kanonische Festlegungen. Sie sehen in Akzentsetzungen und Prä-ferenzen in der Lektüre-Auswahl alltagsweltliche und lebensbedeutsame Rich-

---

[3] Zur Auflistung genannter Problemfelder und Aufgabenbereiche, die auch anders komponiert werden könnten, vgl. man E. Paefgen 1999, S. 54 ff. Die folgenden Kennzeichnungen sind größtenteils an Paefgens Kennzeich-nungen orientiert.

[4] Zwar gibt es verschiedene Vorschläge, deren Spektrum von tradierten klassischen Texten bis zur Gegenwartsli-teratur reicht (vgl. Beispiele bei E. Paefgen 1999, S.55 ff.), aber keiner hat allgemein geltende und verpflichten-de Anerkennung gewonnen.

[5] Zu einer Bestandsaufnahme der Kanon-Diskussion hierzulande vgl. J. Hein 1990, S.311 ff.).

tungsvorgaben im Hinblick auf den subjektiven Kompetenzerwerb, aber auch in kultursoziologischer Hinsicht (vgl. z.B. M. Czáky 1999)[6].

Einen speziellen Akzent erhält die Kanon-Debatte durch Erweiterung des literarischen Feldes unter anderem durch die wachsende Konkurrenz der Medien, durch die gewandelte Beziehung der Literaturwissenschaft zu den Kulturwissenschaften (vgl. dazu R. Grübel u.a. 2001, S. 197 ff.) sowie durch die Einbeziehung zusätzlicher Gegenstände bzw. unterschiedlicher literarischer Genres, auch solcher, die noch vor geraumer Zeit nicht im Kanon-Zusammenhang erörtert wurden wie z.B. Kinder- und Jugendliteratur, Detektiv- und Kriminalliteratur, Trivialliteratur. Auch auf die zuweilen erhobene Forderung, zeitgenössische Lektüre sinnvoll in literarische Lernprozesse zu integrieren und mit ihrer Hilfe den vorhandenen Kanon zu ergänzen (vgl. z.B. C.Kammler 1995, S. 127 ff.), sei hier aufmerksam gemacht.

Für die Literatur-/ Lektüre-Auswahl sind verschiedene Orientierungskriterien maßgebend, z.B. die Werkorientierung, und die Leseorientierung, daneben die ästhetische, pädagogische, handlungsorientierte, sozialhistorische, literaturhistorische und politische Orientierung.

Problemfeld Lesedidaktik

Lesedidaktiker gehen in ihren Überlegungen und Vorschlägen zum Umgang mit Texten, speziell mit literarischen Texten, sowohl in rezeptions- wie wirkungstheoretischer Sicht von einer mehrdimensionalen Bedeutung des Leseprozesses aus. Leser gelangen – so die vielfach geäußerte Einsicht – über die Lektüre nicht nur zum Verstehen des jeweiligen Textes, sondern auch zum besseren Verständnis ihrer selbst und gewinnen daraus „Bausteine" für lebensweltlich bzw. weltanschaulich relevante Sinnkonstruktionen.

Literaturdidaktische Überlegungen, die sich auf das Was und Wie des Lesens wie auch auf die individual, sozial und epochal bedingte Situation, daneben auf die Lesebedürfnisse des Schülers (Rezipienten) und die Erweiterung seiner Lesekompetenz beziehen, basieren auf der Einsicht, dass Lesen eine komplexe Handlung (nicht nur ein passives Konsumieren) ist, die in unterschiedlichen Formen vollzogen wird.

Die entwickelten Konzepte der Leseförderung, die heute zu den zentralen Aufgaben des Literaturunterrichts gerechnet wird, zielen auf Aufbau und Sicherung von Lesemotivation, Vermittlung von Lesefreude (Leselust), Vertrautheit mit

---

[6] Auf die kulturfördernde Relevanz des Umgangs mit Literatur wird bei mehreren Autoren hingewiesen, sofern es um lebensweltliche Orientierungen, insbesondere um Mitverantwortung für die Gestaltung und Propagierung der Kultur- und Wertewelt geht.

Printprodukten, Entwicklung und Stabilisierung von Lesegewohnheiten, Befrie-
digung von Interessen und Bedürfnissen sowie auf Lern- und Erkenntnisgewinn
samt Erweiterung der literarischen Rezeptionskompetenz vgl. O. Beisbart u.a.
1993, Th. Eicher 1997, B. Hurrelmann 1994).

Zu den lesedidaktischen Ansätzen, die poststrukturalistisch orientiert sind (d.h.
die prinzipielle Offenheit und Vieldeutigkeit von Texten vertreten)[7], gehören
u.a. auch solche, die für eine Konzentration auf die materiale Zeichenhaftigkeit
der literarischen Sprache (wobei nicht der Inhalt, sondern die Sprachgestalt und
die Funktion der Darstellung im Vordergrund stehen) plädieren und die ein
„textnahes Lesen" (also eine akribisch auf die Sprache bezogene Lesearbeit)
verlangen (vgl. z.B. J.Belgrad und K.Fingerhut 1998; J. Förster 1998; E. Paefgen 1998).

Problemfeld Schreibdidaktik

Gegenstand der Schreibdidaktik im hier zu kennzeichnenden Bedeutungszu-
sammenhang sind Schreibaktivitäten der Schüler im Sinne eines integralen Be-
standteils eines auf Lektüre und Umgang mit literarischen Texten bezogenen
Unterrichts, also „literarisches Schreiben". Dieses äußert sich sowohl in eigenen
rezeptiven als auch produktiven Formen des Umgangs mit Literatur.

Dabei spielen einerseits literarische Texte als Ausgangs- oder Bezugspunkt eine
besondere Rolle und andererseits der mit Texten (Textelementen) verändernd,
umschreibend, ergänzend, experimentierend umgehende Schreiber.

Literaturbezogene Schreibaufgaben unterscheiden sich von anderen Schreibaufgaben (z.B. von Aufsatzformen). Die verschiedenen verfassten Schülertexte (mit
Bezug auf unterschiedliche literarische Gattungen), z.B. verkürzte, umgearbeite-
te, erweiterte, umgedeutete bzw. neuverfasste Texte, die sich von ihren Aus-
gangs- bzw. Bezugstexten unterscheiden oder auf sie rückbeziehen, verweisen
auf Lernvorgänge. Aus unterrichtlicher Sicht entsprechen diese angezielten und
verfolgten Zwecken. Sie fördern das Verstehen des bearbeiteten Textes und darüber hinaus generell „literarisches Verstehen". Verschiedene schreibdidaktische
Konzeptionen zielen auf diverse mit literarischem Schreiben verbundene Effekte
(so z.B. diejenigen von K. Fingerhut 1996; G. Rupp 1987; E. Paefgen 1996; G.
Waldmann 1999).

Neben dem besseren Verstehen literarischer Texte wird der Schüler in der
schreibenden Anwendung von Sprache zu zukünftig besserem und aufmerksa-

---

[7] Solche stehen im Gegensatz zu strukturalistisch orientierten Ansätzen, welche von der Annahme eines durch-
gehenden Sinns oder der Einheit von Texten ausgehen.

meren Lesen geführt sowie auch dazu, sorgfältiger auf sprachliche Nuancen, inhaltliche Gestaltungen und manipulative Tendenzen zu achten.

Wichtiger als die Qualität der Schülertexte sind die mittels genannter „Schreibversuche" gemachten Erfahrungen und gewonnenen Einsichten. E. Paefgen etwa, die das literarische Schreiben als „ästhetisches und problemlösendes Arbeiten" begreift, welches sie in der Schule eingeübt sehen möchte, hebt die dabei erworbenen Einsichten und die Erweiterung des Erfahrungshorizonts (über Kognitives hinaus) nachdrücklich hervor. Ihr geht es zum einen darum, Übungen im literarischen Schreiben in den Literaturunterricht zu integrieren (auch um unterschiedliche Formen des Schreibens zu trainieren); zum anderen sollen diese Schreibformen, die dem gelesenen literarischen Text sprachlich verwandter sind als die sachlichen, das Lesen von Literatur materialisieren helfen (E. Paefgen 1999, S. 100) [8].

Während die schreibdidaktischen Entwürfe genannter Autoren auf die Förderung literarischer Lernprozesse abzielen, d.h. irgendwie den Bezug zu literarischen Texten wahren, auch wenn andere Ziele mitberücksichtigt werden, ist das bei Didaktikern anders, die vorrangig auf „kreative Schreibformen" abheben. Mit solchen werden andere Intentionen verbunden. Literarische Lernprozesse spielen dabei eine untergeordnete Rolle. Unter Rückgriff auf ein Kreativitätsverständnis, welches primär subjektiven Selbstausdruck, Entäußerung der verborgenen inneren Welt, Entwurf einer neuen ich-bestimmten Wirklichkeit meint, wird mit kreativen Schreibkonzeptionen ein subjektorientiertes, authentisches, biographisches, phantasievolles Schreiben angestrebt, nämlich eine Schreibform, mit dem ich-stärkende und auch emotionale wie imaginative Potentiale aktiviert werden (vgl. die darauf bezogenen Ziele bei J. Fröchling 1987; K. Schuster 1997; K.H. Spinner 1993 a).

Problemfeld Literarische Gesprächsdidaktik

Literarische Gespräche stellen eine besondere Art von Gesprächen dar: Sie sind (anders als Diskurse über irgendwelche Unterrichtsgegenstände) auf literarische Texte bezogen, die im Mit- und Gegeneinander aller Beteiligten (Schüler und Lehrer) erörtert bzw. disputiert werden. Ihr Ziel ist es, die literarische Erkenntnisfähigkeit zu verbessern, kommunikative Prozesse sprachlichen Handelns, d.h. die sprachliche Aktivität der Schüler zu fördern. Da Reden über Literatur immer auch die Möglichkeit des Redens über das eigene und alltägliche Leben ein-

---

[8] Materialisierendes bzw. materiales Textlesen meint hier, den Text nicht als Sinnträger einer Mitteilung, sondern ihn in seiner „Materialität", d.h. in seiner realen sprachlichen Gestalt (auch seiner „Wortwörtlichkeit") zu begreifen.

schließt, sind die mit literarischen Gesprächen verbundenen Lernprozesse bzw. Erkenntnisfortschritte nicht nur auf Literaturkenntnisse bezogen, sondern auch auf subjektives und alltagsweltliches Leben.

Literarische Gespräche – dem kein bestimmtes Interpretationsverfahren zugrunde gelegt wird – können als Medium des Textverstehens im Unterricht besondere Bedeutung dadurch erlangen, dass sie als methodische Regulative des Literaturunterrichts „die Möglichkeit (bieten), das individuell-kreative Moment des Textverstehens mit dem verallgemeinernd-objektiven zu vermitteln" (B. Hurrelmann 1987, S. 77).

Dem subjektiven Verstehen des Textes und dem objektiven Anspruch des Textes können am besten dann Genüge getan werden, wenn das Unterrichtsgespräch relativ offen strukturiert ist, die Schüler sich gleichberechtigt an freiem Meinungs- und Gedankenaustausch beteiligen, ihre Redebeiträge gegenseitig beurteilen. Beiden Seiten zu entsprechen verlangt, dass die literaturorientierte Kommunikation auch im Bemühen um ein gemeinsames (intersubjektives) und akzeptables Interpretationsergebnis faktisch schülerorientiert und lebensweltbezogen stattfindet.

Solche Unterrichtsgespräche, denen kein bestimmtes literarisches Interpretationsschema zugrunde liegt und bei dem die Gespräche umgelenkt sind, verlangen ein sachbezogenes Verständnis der Lehrerrolle bzw. ein dezidiertes Lehrerhandeln.

Im „literatur-rezipierenden Diskurs" (J. Werner 1996) ist der Lehrer mehr als gleichberechtigter Gesprächspartner denn als Vermittler von Interpretationsvorgaben zu sehen, nämlich als einer, der seine Position stark zurücknimmt, das Gespräch nicht dominiert, vielmehr für dessen Fortgang bzw. logische Abfolge sorgt[9], lediglich beim Auftauchen von sachlichen und historischen Wissenslücken Hilfestellung gibt (zu seiner Funktion vgl. man z.B. J. Werner 1996; P. Wieler 1989).

Problemfeld Medien und Literatur

Zum Gegenstandsbereich der Literaturdidaktik gehören auch – was heute unstrittig ist – die Medien. Sowohl in quantitativer wie auch in qualitativer Hinsicht stellen sie eine Herausforderung für den Deutsch- und hier besonders für den Literaturunterricht dar. Als „andere Texte" interessieren sie nicht nur als „Unterrichtsmittel", sondern auch als „Unterrichtsgegenstände".

---

[9] Von einer bedachtsamen Gesprächsführung hängt zu einem guten Teil Ergebnis bzw. Wirkung des Gesprächs ab.

Mündliche Medien, Printmedien und audiovisuelle Medien vermitteln nicht bloß den Zugang zu Inhalten bzw. Informationen, sie fungieren auch als „eigenständige Objekte", die etwa als Kunstwerke selbst „Stimme" sind, sozusagen den Rezipienten direkt treffen und evtl. aktivierend herausfordern.

Viele Didaktiker betrachten die Medien aufgrund der genannten Doppelfunktion als wesentliche Komponenten des Deutsch-/ Literaturunterrichts: einmal als etwas zu repräsentieren bzw. zu spiegeln, auch zu transportieren (als Vermittler) und zum anderen aus der ihnen selbst zugehörigen bzw. eignenden Aussagekraft (als eigenständiges Objekt) zu wirken. Fachleute bewerten die Einflüsse von Medien auf Denk-, Gefühls- und Handlungspotentiale als außerordentlich relevant für individuales, soziales und kulturelles Leben.

Änderungen der Mediengewohnheiten (zunehmende Nutzung audiovisueller und auditiver Medien gegenüber Printmedien) macht eine Umorientierung des unterrichtlichen Lernens notwendig. Angesichts der wachsenden Multimedialität und Intermedialität junger Menschen kann man mit J. Wermke ein „konzeptionelles Umdenken" für die Deutschdidaktik fordern, was auch eine „Integration anderer Medienästhetiken" in den Deutschunterricht bedeutet (J. Wermke 1997, S.37). Wermke plädiert für eine umfassendere, nicht lediglich „buch- und schriftorientierte" Ästhetik in unserer modernen Medienkultur[10]. Die Autorin postuliert geradezu, die schulischen Lernbereiche aus ihrer einseitigen Verbindung mit der Schrift- und Buchkultur zu lösen: „Lesen und Schreiben aus ihrer Bindung an Buch oder Heft, Sprache und Literatur von der Schrift" (J. Wermke 1997, S. 37). Das bedeutet jedoch keine Geringschätzung literarischer Texte, sondern ist mit dem Hinweis verbunden, dass literaturunterrichtlich andere Akzente gesetzt werden sollen, dass sich das Spezifische genuiner literarischer Texte an den anderen Medien messen lassen müsse und nicht länger selbstverständlich sei (ebd., S. 42f).

Die geforderte Umstrukturierung des Unterrichts angesichts der wachsenden Bedeutung der Medien in unserer Kultur zielt nicht auf Ausgrenzung schriftsprachlicher oder anderer medialer „Produkte" bzw. Bedeutungsträger. Es ist eine Aufgabe des Deutschunterrichts, die Dignität beider zu berücksichtigen, dies auch und besonders unter dem Aspekt, dass die Darstellungs- und Wahrnehmungsweisen – speziell auch im ästhetischen Bereich – bei einzelnen Medien verschieden sind. Solche Unterschiede zeigen sich recht deutlich in der Anders-

[10] Eine multimediale Erziehung, die alle Medien als gleichberechtigt umfasst, wird heute von vielen Medienpädagogen und Mediendidaktikern gefordert (W. Ziesenis 1994, S. 349ff).

artigkeit der Ausdrucksmöglichkeiten und Rezeptionsweisen von Geschriebenem und Bildern[11].

4. Literaturdidaktische Richtungen und Positionen

Die in der Literaturdidaktik vertretenen Richtungen und Positionen basieren auf vorherrschenden Vorstellungen über Funktionen und Aufgaben der Literatur bzw. des Literaturunterrichts. Wird z.B. mehr der Gesichtspunkt des Normativen, des Ästhetischen, des Politischen, des Kulturellen betont oder wird deren Bedeutsamkeit mit humanistischen, gesellschaftlichen, weltanschaulichen, ideologiekritischen, sachkundlichen, lebenspraktischen oder anderen Wirkungen begründet, so werden je andere Konzeptionen favorisiert.

Es gibt also eine Vielzahl von literarischen Konzepten mit je unterschiedlichen Orientierungen, die im Literaturunterricht zur Geltung kommen sollen. Wenn vom Literaturunterricht gefordert wird, er solle kommunikative Kompetenz schulen, gegenstandsbezogen, erkenntnisorientiert sein, wird er anders strukturiert sein müssen als ein Unterricht, der problemorientiert, zielorientiert oder handlungsorientiert sein soll.

Im Hinblick auf die Vielfalt postulierter Orientierungen, die sich im Laufe der Zeit gewandelt und auch – wie die Literaturgeschichte sichtbar werden lässt – neue Definitionen und Gewichtungen erfahren haben, stellt sich die Frage, ob nicht manche von ihnen gegenüber anderen vorrangige Geltung erlangt haben oder beanspruchen dürfen.

Im Zusammenhang der öffentlich und in Fachkreisen geführten Diskussion um die generelle Bedeutung des Literaturunterrichts, über seine zeitgemäßen Ansprüche und Verbesserungsmöglichkeiten wird ersichtlich, dass es heutzutage dominierende Richtungen und von namhaften Experten vertretene Positionen und Konzeptionen gibt, die mehr oder weniger miteinander konkurrieren bzw. sich auch z. T. ergänzen. Manche von ihnen thematisieren eher prinzipielle bzw. allgemeine Aspekte des Umgangs mit Literatur, andere fokussieren mehr Detailfragen.

Hinsichtlich der Rezeptions-Wirkungs-Debatte, die in der modernen Literaturdidaktik eine erhebliche Rolle spielt, werden text- bzw. werkbezogene und schülerbezogene Ansätze präsentiert, die über Rezeptions-, Verstehens- und Umsetzungsmöglichkeiten bei Lektüre bzw. Umgang mit literarischen Texten Aufschluss geben und das prozesshafte Lernen stützen.

---

[11] Die Aussagekraft wie auch die Reaktionen darauf sind von anderer Art und setzen unterschiedliche „geistige" Tätigkeiten in Gang.

34

Zwei Gruppen von didaktischen Konzeptionen, die auf zentrale Aufgaben des Literaturunterrichts und seine Gestaltung abzielen, können folgendermaßen umschrieben bzw. charakterisiert werden. Zur einen Gruppe gehören didaktische Konzeptionen, welche die Sprachlichkeit literarischer Texte betonen. Weniger der Inhalt spielt hier eine Rolle als die sprachliche Form. Die Arbeiten am Text – wobei analysierende Tätigkeiten unerlässlich sind – verlangen eine Distanzierung vom Text, stellen eine intellektuelle bzw. kognitive Leistung dar. Die unterrichtliche Vermittlung von Textanalysestrategien[12] wird daher als wesentliche Aufgabe dieser Richtung angesehen.

Völlig anders gerichtet sind hingegen Didaktikkonzeptionen, welche die mit der Lektüre verbundenen emotionalen Bedürfnisse aufgreifen und verstärken. Arbeit an und mit Literatur bzw. literarischen Texten soll „Vergnügen" bereiten. Hinführung zu frohem Lesen bzw. lustvollem und gefühlsbetontem Umgang mit literarischen Texten wird dem entsprechend als zentrale literaturunterrichtliche Aufgabe deklariert[13].

Bei der Erörterung über zu berücksichtigende „Pole", von denen her bzw. auf die hin Literaturunterricht zu konzipieren ist (Lektüre einerseits, Schüler andererseits), sowie unter Beachtung der bei der Texterschließung und – aneignung beteiligten Aktivitäten (wie Analyse und Produktion) und der konstatierbaren Zugriffe (verstandesmäßige/ gedankliche Anschauung) zeigt sich die Tendenz, mehrere der genannten Momente bzw. Komponenten in der Unterrichtspraxis zu verbinden. Dabei ergeben sich gewisse Leitgedanken in der literaturdidaktischen Diskussion. Kaspar Spinner markiert etwa für die Literaturdidaktik vier Schwerpunkte, an denen das Bestreben, subjekt-orientierten und textorientierten Unterricht zu verbinden, erkennbar wird. Die vom Autor aufgezeigten Schwerpunkte sind:

• die Einbeziehung von Rezeptions- und Mentalitätsgeschichte (wodurch die strukturelle Textanalyse überwunden werde)

• der produktionsorientierte Ansatz (der den Schüler als aktiven Rezipienten in den Vordergrund rückt)

• poststrukturalistische und postmoderne Konzepte (welche die Vorstellung von einem einheitlichen Sinn im Text in Abrede stellen)

• das Gespräch über literarische Texte (das nicht nur als Mittel zur Texterschließung gefasst wird, sondern auch als humane Form des menschlichen Mit-

---

[12] Mit Textanalyse wird ein bestimmter Typ des methodischen Zugangs zu Texten bezeichnet, der durch ein systematisches Aussondern und Erfassen von Einzelelementen und der Herausarbeitung funktionaler Zusammenhänge gekennzeichnet ist.
[13] Diese Richtung und die ihr zugehörigen Konzepte sind heute gegenüber der zuvor genannten dominierend.

35

einanders erfahren wird) (vgl. K. Spinner 1993 b, S. 23f., 36; s. a. F. Hassenstein 1998, S. 481).

Bei der Begründung der genannten für die Texterschließung und –aneignung bedeutsamen Komponenten werden nicht nur literarhistorisch und sozialwissenschaftlich gestützte Argumente vorgebracht, sondern auch Ergebnisse der Adaptions- und Wirkungsforschung sowie anthropologische Aspekte herangezogen. So stellt etwa Lothar Bredella unter Hinweis auf das Faktum, dass Literatur auch zunächst Unverständliches in das Bewusstsein hebt und dadurch die Erfahrungsmöglichkeiten und den Erfahrungsspielraum vergrößert, fest: „Der Mensch als ein endliches Wesen, das immer nur einen begrenzten Zugang zur Welt hat, bedarf der Vermittlung über andere Entwürfe, die Welt zu deuten und zu verstehen, um aus seiner Befangenheit und Vereinzelung herauszutreten und sich in seiner Verschiedenheit wie in seiner Beziehung zu anderen begreifen zu können" (L. Bredella 1976, S. 31).

Grundsätzliche Überlegungen zum Literaturunterricht wie sie sich aus der Sicht namhafter Deutschdidaktiker ergeben, die auch gangbare Wege zwischen Rezeption und Produktion deutlich machen wollen, auch Modellvorschläge mit konkreten Hinweisen auf literaturdidaktisches Handeln im Unterricht, werden in dem von J. Belgrad und H. Melenk herausgegebenen Buch „Literarisches Verstehen – Literarisches Schreiben" (1996) vorgestellt.

Ein didaktischer Entwurf, der den handlungs- und produktionsorientierten Unterricht hinsichtlich seiner Voraussetzungen, Ziele und Effekte skizziert, auch zahlreiche Beispiele für solchen Unterricht liefert, stammt von Gerhard Haas (1997). Dessen Position ist durch sein vordringliches Anliegen bestimmt, in der unterrichtlichen Tätigkeit überhaupt und so auch im „Umgang mit gegebenen Texten" von der kognitiven Dominanz abzurücken und für emotionale und spielerische Erfahrungen und Betätigungen Chancen zu eröffnen. Ziel des Literaturunterrichts – so seine Auffassung – ist es weniger, literarische Lernprozesse zu initiieren, „Hauptziel ist immer zuerst die Herstellung eines engen, intensiven Kontakts mit dem Text durch handelndes Reagieren auf ihn und produktives Agieren mit ihm, nicht aber primär eine bestimmte Erkenntnis oder Einsicht" (G. Haas 1997, S. 44).

Letztere wird zwar nicht ausgeschlossen, erstrebenswerter ist aber das „praktische Handeln" und der „aktive Gebrauch der Sinne". Reflexiv-passive Aneignung von Literatur soll abgebaut, die instrumentelle Verwendung von Texten zurückgedrängt werden. Aktiv-produktiver und handlungsorientierter Umgang mit den Texten, der auch Eingriffe des Schülers in Form von Reproduktion,

36

Veränderungen, Übersetzung in andere Gestalten bzw. Darstellungsweisen (auch visueller, bildnerischer, musikalischerArt) einschließt und sie dem subjektiven Erfahrungs- und Ausdrucksbedürfnis anverwandelt, ist laut Haas besonders geeignet, texterschließend und lebenswirksam zu fungieren (vgl. ebd., S. 43 f.).

Grundfragen der Literaturdidaktik werden auch anderswo erörtert, wo ein produktiver Umgang mit Literatur - wenn auch unter verschiedenen Zwecksetzungen – gefordert wird wie z.B. bei Karlheinz Fingerhut (1995), der für eine Integration von Analyse und Produktion plädiert, weil er darin einen Weg sieht, „auf dem sich Leser ästhetische Erfahrungen mit Texten machend, schreib-handelnd Literatur erarbeiten können."

Günter Waldmann tritt ebenfalls für die genannte Integration ein, allerdings deswegen, weil er darin eine Möglichkeit sieht, „Ich-Identität" bzw. „Kommunikations- und Interaktionsfähigkeit" zu stärken sowie „utopisches Denken" im Literaturunterricht zuzulassen. In seiner 1999 erschienenen Monographie „Produktiver Umgang mit Literatur im Unterricht" legte Waldmann eine umfassende Darstellung der Formen und Möglichkeiten des produktiven Literaturunterrichts vor. Auf der Basis literaturtheoretischer, hermeneutischer und didaktischer Begründung entfaltet er seine Konzeption produktiven Textverstehens unter Aufweis eines umfangreichen „Katalogs" von Verfahren im Umgang mit literarischen Gattungen und Textsorten. Intendiert wird, „viele sichere Wege zu einem motivierenden, lustvollen und ertragreichen produktiven Umgang mit Literatur im Unterricht" zu weisen.

Die von Waldmann aufgezeigten möglichen Verfahren, welche zentral auf das Verstehen von Literatur (literarischen Texten) abzielen, sind auf literatursprachliche Lernprozesse bezogen. Sie sollen aber auch dazu anleiten, das große Angebot unserer Kultur (präsentiert in der Literatur) aufzugreifen, „unbekannte Gefühls- und Phantasiewelten kennen zu lernen und neue, emotionale, imaginative und ästhetische Erfahrungen zu machen, unerprobte individuelle wie gesellschaftliche Möglichkeiten zu erkunden und... Selbst- und Werterfahrung zu erweitern und zu vertiefen" (ebd., S.1). Das Spektrum der vom Autor vorgeschlagenen und im Literaturunterricht praktizierbaren Verfahren reicht von „aktiver produktiver Rezeption eines Textes"[14] über „produktive Rezeption eines modifizierten Textes"[15], „produktive Konkretisierung eines Textes", „produktive Ver-

---

[14] Dazu gehören das genaue Hören, Lesen, Nacherzählen, visuelle Darstellungen von Texten.
[15] Hierunter zählt man z. B. die Rekonstruktion und Ergänzung ausgelassener Textteile.

änderung eines Textes" bis zur „angeleiteten und freien Produktion eines Textes" (vgl. ebd., S. 62 ff; s. a. 1984, S. 117 ff.).

Neben seiner eigenen Position stellt Waldmann in seiner genannten Monographie auch noch fünf weitere, ebenfalls der produktionsorientierten Konzeption zuzurechnende Entwürfe vor (wie die von G. Haas, K.H. Spinner, H. Müller-Michaels, G. Rupp, K. Fingerhut mit deren jeweiligen Akzentuierungen) (ebd., S. 52 ff).

Ungeachtet der Kritik an den produktorientierten Positionen, denen u. a. vorgeworfen wird, die Literatur zu bevormunden und den Schüler unter Rezeptionszwang zu stellen, finden sie breiten Zuspruch. Manche Didaktiker möchten in der unterrichtlichen Literaturarbeit allerdings andere Akzente gesetzt sehen. Sie treten energisch für eine das prozesshafte Geschehen in den Mittelpunkt rückende Betrachtungsweise ein. Demgemäß plädieren sie für einen Paradigmenwechsel von der Produktionsorientierung zur Prozessorientierung mit folgendem Hinweis: „In vielen Forschungs- und Lernbereichen werden nicht mehr ausschließlich Produkte, sondern zunehmend auch Entwicklungs-, Bearbeitungs- und Überarbeitungsprozesse fokussiert" (Mitteilungen des Deutschen Germanistikverbandes 2001,H. 2, S.203). Diese Prozessorientierung, die in besonderer Weise auf die Geschehensabläufe im Umgang mit Literatur ausgerichtet ist, verträgt sich gut mit dem gegenwärtig stark beachteten Konzept des „ästhetisch aktivierten Schülers".

5. Aktuelle Schwerpunktsetzungen

Das Wort „aktuell" ist nicht gleichbedeutend mit neu. Es soll lediglich darauf hinweisen, dass etwas unverzügliche Aufmerksamkeit verlangt oder eine besondere Rolle spielt. Es gibt z.T. ältere Fragen und Themen, die sozusagen immer Hochkonjunktur haben, immer wieder zu heftigen Diskussionen und Erörterungen herausfordern, während andere verschwinden oder – oft unter veränderter Perspektivierung – andere Gewichtung und damit anderswertige Geltung erlangen.

Probleme und Themenstellungen, die zur Zeit vordringlich erscheinen und in Fachkreisen lebhaft diskutiert werden, wobei unterschiedliche Ansätze und Konzeptionen häufig zu kontroversen Ergebnissen führen, sind vielfältig. Neben den oben bereits skizzierten Thematiken, die immer wieder zu neuen Auseinandersetzungen und (Re-) Aktionen führen – also nicht an Aktualität verlieren – wie z.B. die Kanonproblematik und die Fragen um die Komponenten qualitativen Literaturunterrichts, seien hier noch folgende ausdrücklich hervorgehoben:

- Grundfragen und Formen der Textinterpretation
- Kontroverse um Verstandes- und Gefühlsorientierung
- Rolle der Medien im Literaturunterricht
- Beziehungsverhältnis Literatur und Kultur
- Literaturdidaktik und Lehrerbildung

Grundfragen und Formen der Textinterpretation

Für den Umgang mit Texten ist deren Interpretation unverzichtbar. Als darauf vorbereitende Aufgabe ist die sprachliche, strukturelle und stilistische Analyse wichtig (zu Grundfragen und Formen der Textanalyse vgl. man etwa P. Rusterholz 1996, S. 101 ff., 365 ff; K.-H. Spinner 1989, S. 19 ff.). Im interpretatorischen Prozess geht es dabei um Sinndeutung des Gelesenen sowie um die Lust am Entdecken bzw. Problemlösen[16]. Jedenfalls muss das Sinnverständnis offen bleiben; es darf durch keine Interpretationsvorgaben beeinträchtigt werden. Auch darf der methodische Verfahrensweg nicht in deterministisch einengender Weise „gelenkt" sein. Die Interpretation darf ferner keinesfalls unter einem einseitigen Objektivierungsanspruch gestellt werden. Die unerschöpfliche Vieldeutigkeit literarischer Texte verbietet das, lässt also keinen alleinigen und endgültigen Wahrheitsanspruch zu. Der Zugang zum Sinngehalt der Texte muss von verschiedenen Seiten her möglich sein. Dem Verständnis des Textes kommt daher ein Methodenpluralismus zugute, der entweder mehrere Aspekte des Werkes bzw. Textes von verschiedenen Perspektiven und Fragestellungen je nach dem intendierten Erkenntnisgegenstand mit verschiedenen Methoden separat angeht oder jeweils die dem Werk am ehesten gemäße kongeniale Methode der Interpretation auswählt (G. von Wilpert 2001, S. 378)[17]. Dem Verständnis des Textes bzw. der Sinnfindung können Erläuterungen zum Kontext behilflich sein. Die skizzierte Auffassung und vielfach praktizierte Art des Umgangs mit literarischen Texten, wobei deren Verstehen und ihre sinngemäße Auslegung angezielt wird – unter der Prämisse, dass ihm ein erschließbarer Sinn eignet - , findet keine ungeteilte Zustimmung. Insbesondere anti-hermeneutische Strömungen (wie poststrukturalistisch und konstruktivistisch ausgerichtete Positionen) negieren sowohl genannte Prämisse als auch die Möglichkeit, zu verbindlicher Erklärung des Textes zu kommen.

---

[16] Erfolgt die Interpretation intersubjektiv im Unterrichtsgespräch, so bekundet sich darin das Bestreben, zu einer intersubjektiven Einigung bzw. Verständigung über den Sinn des Textes zu kommen.
[17] Zu berücksichtigen ist dabei, dass die Interpretation themen-, gattungs- und epochenbezogen sein muss.

Im Gefolge postmodernen Denkens suchen manche Autoren nach alternativen Formen des Umgangs mit Texten und der Texterläuterung. Anders als traditionelle, hermeneutisch inspirierte Modelle mit ihrer auf Sinndeutung ausgerichteten Tendenz akzentuieren sie – unter Verzicht auf ein gültiges Auslegungsergebnis – andere Komponenten der Arbeit an und mit Texten. Sie plädieren dafür, in Konfrontation mit Texten „Distanz" zu wahren, fragmentarisch an ihnen zu arbeiten, affektiven Regungen Raum zu geben, mit biographischen Erfahrungen nicht zurückzuhalten, auf Signifikanten zu achten, eine Details beachtende und sprachverliebte diskursanalytische Lektürepraxis zu betreiben (vgl. K.-M. Bogdal 1996, S. 137 ff.).

Gegen das hermeneutisch angezielte Sinnverständnis literarischer Texte opponieren – wie bereits angedeutet – poststrukturalistische und konstruktivistische Konzepte. Aus poststrukturalistischer Sicht sind Texte selbstregulierende Zeichensysteme mit Mehrfachcodierung ohne Tiefendimension. Als solche geben sie keinen Anlass zur Entzifferung eines Sinns oder einer Wahrheit. „Texte ergehen, fungieren und funktionieren – auch und gerade, wenn sie nicht interpretiert werden" (J. Hörisch 1988, S. 25)[18].

Das in der heutigen Literaturwissenschaft vertretene konstruktivistische Konzept leugnet eine im Text selbst liegende Bedeutung, was heißt, dass von ihm her Interpretation nicht zu sichern ist. Und die poststrukturalistische (auch neostrukturalistische) Position, welche für die Offenheit und Vielfältigkeit eintritt, sieht den Text als Teil eines unübersehbaren Geflechts von Texten, was seiner Erfassung hinderlich ist. Da er aus Pluralen gebildet (eine Galaxie von Signifikanten) ist, kann seine Bedeutung nur abgeschätzt werden, was allerdings auch nur unter diskursdialogischem Vorgehen und kommunikativem (intersubjektivem) Bemühen möglich ist.

Der hin und wieder erhobenen Forderung nach voraussetzungsfreiem Zugang zum literarischen Text kann ich mich nicht anschließen, weil es solchen meiner Einsicht nach nicht geben kann. Neben verschiedenen den Prozess und das Resultat beeinflussenden Faktoren, die nicht unberücksichtigt bleiben dürfen, kann von der Geschichtlichkeit des Textverstehens keinesfalls abgesehen werden. Die zuweilen erörterte Frage, ob es sich bei der Interpretation um eine zu erlernende Fertigkeit handelt, kann bejaht werden sowohl hinsichtlich der mündlichen als auch der davon zu unterscheidenden schriftlichen Interpretation (vgl J. Schutte 1993; W. Wintersteiner 1996).

---

[18] Dieser Auffassung lässt sich entgegenhalten, dass Ausdruck, Bedeutung und Wirklichkeitsbezug eines Textes nicht einem Zeichensystem entspringen, sondern einem durch dieses repräsentierten vorgängigen Denken bzw. Bewusstsein.

Kontroverse um Verstandes- und Gefühlsorientierung

Zu den wesentlichen Wirkungen des Umgangs mit literarischen Texten gehört, dass durch deren Lektüre Gefühle aktiviert und Denken angeregt werden. Darin bekundet sich nicht nur ein Faktum, es handelt sich auch um ein erstrebenswertes Ziel. Die unterschiedliche Bewertung des dabei in Erscheinung tretenden emotionalen Faktors einerseits und des rationalen Faktors andererseits gibt auch heute noch zu kontroversen Auffassungen Anlass: Die einen geben der gefühlsmäßigen Komponente den Vorrang, die anderen der verstandesmäßigen.

Welchen Gewinn der Einzelne aus der Lektüre und der näheren Beschäftigung mit einem Text zieht, hängt von verschiedenen Faktoren ab, z.B. vom Entwicklungsstand, von der Intensität der Zuwendung, von vorhandenem Vorwissen, vom Text als Lerngegenstand mit seiner Aussage- bzw. Prägekraft, von der Analysefähigkeit des Lesers und nicht zuletzt von Intentionen und methodischem Geschick von zu Erziehenden und Lehrern. Darauf haben die Literaturdidaktik und der Literaturunterricht Bezug zu nehmen.

Auf den Tatbestand, dass die Lektüre literarischer Texte vielfach zunächst (insbesondere bei jungen Lesern) zustimmende oder ablehnende Emotionen hervorruft, noch ehe ein möglicher Erkenntniswert wahrgenommen wird, hat die Literaturdidaktik mit zwei unterschiedlichen Konzepten reagiert: Das eine Konzept propagiert einen Literaturunterricht, in dem von Anfang an zielstrebig gegen gefühlsbetonte Lesevergnügen angegangen wird – unter dem Motto: Richtiges Lesen ist eine mühsame Sache und muss gelernt sein. Das andere Konzept plädiert dafür, die mit dem Lesen geweckten und verbundenen emotionalen Bedürfnisse aufzugreifen und zu verstärken – unter dem Motto, zum Lesen überhaupt erst hinführen und das Vergnügen daran entdecken zu lassen (vgl. E. Paefgen 1999, S. 149).

Es steht außer allen Zweifels, dass im Literaturunterricht beiden Bedürfnisbereichen der Schüler Genüge getan werden muss, nämlich den emotional-affektiven Erlebniswelten und den rational-kognitiven Erkenntniswelten. Ergebnisse der Lernforschung lassen erkennen, dass sich lustvolle Beschäftigung mit Gegenständen und Erkenntnisgewinn in Lernprozessen verbinden können. Die am literarischen Lernprozess beteiligten Faktoren – affektive Reaktionen bzw. gefühlsbetontes Lesevergnügen und die Intensivierung von literarischem Lernen durch Vermittlung von Analysestrategien – verweisen auf einen faktischen Zusammenhang (vgl. ebd.).

Die Forderung, die Lektüre solle sowohl Gefühle aktivieren und solchen Raum geben als auch Erkenntnisse vermitteln, beinhaltet zugleich das Bestreben, beide

Anliegen in Balance zu bringen, also gebührend zu fördern. Zu bedenken ist dabei, dass das eine oder andere Moment bei der Konfrontation des Schülers mit unterschiedlichen Lerngegenständen (Lektüreinhalten und –gattungen) in verschiedenem Ausmaß zur Geltung kommt.

Rolle der Medien im Literaturunterricht

Die Rolle der Medien kann schwerpunktmäßig unter zwei Perspektiven gesehen werden: Medien als „Mittler" und als „Objekte": In erstgenannter Funktion dienen sie besonders im Umgang mit Texten der Veranschaulichung, Ergänzung und Vertiefung. Im zweitgenannten Verständnis richtet sich der Blick auf ihre charakteristischen Merkmale, strukturellen Eigenheiten und genuinen Potentiale. Die Bedeutung der Medien als Kommunikationsmittel zur Verbreitung von Nachrichten, Informationen, Meinungen, Bildung und Unterhaltung in Wort, Bild und Ton wird in der heutigen multikulturell verfassten Informationsgesellschaft besonders hoch eingeschätzt. Die von ihnen erbrachten bzw. eingeforderten Leistungen erscheinen in mehrfacher Hinsicht unentbehrlich, insbesondere im Hinblick auf das individuelle, gesellschaftliche und kulturelle Leben.

Im Feld schulischen Unterrichts, in dem die Medien zu Unterrichtsgegenständen werden, ein Überblick über ihre Vielfalt vermittelt und über sie reflektiert wird (über ihre Spezifika, Funktionen und Wirkungen), bietet sich auch die Möglichkeit einer gezielten Hinführung zur Kommunikationsfähigkeit und zu kompetentem Umgang mit den Medien (vgl. B. und B. Hamann 2001, S. 12ff). Während darauf primär medienpädagogische Bemühungen abheben (s. a. KMK 1995), stehen unter mediendidaktischen Aspekten Fragen nach auswählbaren Inhalten und nach der Gestaltung und Optimierung von Lehr-Lern-Prozessen mit Hilfe von Medien im Mittelpunkt (zu mediendidaktischen Fragen vgl. z.B. P. Josting/ B. Switella 1997, S. 3 ff; J. Wermke 1997, S.35 ff.).

Sowohl in medienpädagogischer wie in mediendidaktischer Hinsicht kommt dem Deutschunterricht – in dessen Gegenstandsbereich das Nebeneinanderstehen von literarischen, filmischen und elektronischen „Texten" besondere Relevanz gewinnt – eine hervorragende Stellung zu, die nicht zuletzt durch die hier und da erfolgende Auseinandersetzung mit Medien bedingt ist. Deutsch ist (neben der Kunsterziehung) das einzige Fach, das sich extensiv mit der kritischen Reflexion von Medien (über deren Funktion als Informationsquelle und Unterhaltungsangebot hinaus) befasst. Wenngleich die Befähigung zum sinnvollen Umgang mit Medienangeboten eine fächerübergreifende Aufgabe darstellt, so vermag der Deutschunterricht doch bestimmte Segmente dieses Gesamtauftrags

besser als andere Fächer zu realisieren. Besondere Fachkompetenz ist ihm zuzugestehen, insofern es um folgende Sachverhalte, zu klärende Maßnahmen und
Kenntnisvermittlung geht, wie z.B.

- Verhältnis von Literatur und „nicht gedruckten Texten"
- Gattungsspezifische Gestaltungs- und Ausdrucksmöglichkeiten gedruck-
  ter und elektronischer Texte
- Dramatische und narrative Präsentationsformen in Film und Fernsehen[19]
  (vgl. B. Lecke 1999, S.29 f.)
- Über weitere Aspekte medienbezogenen Literaturunterrichts sei an die
  oben gemachten Ausführungen zum Problemfeld „Medien und Literatur"
  erinnert. Bezüglich des genannten Problem- und Aufgabenfeldes ergeben
  sich spezielle Forderungen für die Lehrerbildung.

Beziehungsverhältnis Literatur und Kultur

In der hier anstehenden Problematik geht es um die Beziehung zwischen Literatur und Kultur. Bei der Bestimmung dieses Verhältnisses können zwei Aspekte
besonders hervorgehoben werden: die eine Sichtweise thematisiert die Rolle der
Literatur als kulturellem Faktor, die andere akzentuiert die „Abbildung" bzw.
die Vergegenwärtigung/Widerspiegelung von Kulturellem in und durch Literatur.

Sowohl die hier zu klärende Frage, als was und wie sich Kultur kundgibt, wie
auch die andere Frage, welche Wege zu ihr hinführen, nötigen zu einer begrifflichen Bestimmung. Was meint der Ausdruck „Kultur", was ist darunter zu verstehen? Die Antwort darauf, welche Phänomene bzw. Sachverhalte der Begriff
umfasst, ist nicht eindeutig, wie die vielen in Umlauf befindlichen Definitionen
zeigen. Man spricht von hoher und niederer Kultur, von Alltagskultur, Volkskul-
tur, kulturellen Lebensbereichen u. a.

Kultur wird als Ensemble aller denkbaren materiellen und geistigen Leistungen
eines Kollektivs und den in dieser Sozietät geltenden Standardisierungen bezeichnet. (so H. Müller-Michaels 1998, S. 12 f.)[20].

Das breite Spektrum des Kulturbegriffs wird auch sonst noch aufgezeigt. So
stellt etwa B. Hurrelmann (2001, S.68) fest: Zur Kultur gehört heute alles, „vom
Museum bis zur Baustelle, vom Theaterbesuch bis zur täglichen soap, von Phänomenen wie Streitkultur und Unternehmenskultur bis hin zu geselligen Ritua-

---

[19] Neben der Kenntnis solcher Formen erscheint auch die unterrichtliche Vermittlung von Decodierkompetenz
sehr wichtig.
[20] Solche Standardisierungen schaffen nicht nur – so Müller-Michaels – den Bedeutungsrahmen für menschliches Handeln; sie entlasten die Handlungen auch von Entscheidungen und sie setzen Orientierungsmarken.

len und lifestyles quer durch die verschiedenen Schichten und Ethnien". Der Begriff hat also einen universalen und variablen intentionalen Gehalt[21].

Kultur ist sozusagen die zentrale Schaltstelle zwischen Individuum und Gesellschaft, „indem sie das Denken, die Sprache, die Empfindungen und die Erinnerung konfiguriert und so für alle Bereiche Standardisierungen liefert", Modelle also, an denen sich die Individuen orientieren können, auch wenn sie davon abweichen (B. Hurrelmann 2001, S. 68).

Für die wissenschaftliche Beschäftigung mit Kultur ist zu berücksichtigen, dass deren Erschließung des Zugriffs mehrerer humanwissenschaftlicher Disziplinen bedarf. Unter diesem Aspekt kann Kultur als komplexes Programm verstanden werden, in dem Fragestellungen und Wissensbezüge verschiedener kulturwissenschaftlicher Disziplinen gekoppelt sind (wie der Philologien, Kunstwissenschaft, Geschichtswissenschaft, Soziologie, Philosophie, Theologie, Rechtswissenschaft, Ethnologie u. a.). Es handelt sich dabei weniger um den Gegenstand einer Mega-Disziplin „Kulturwissenschaft" als um Problemkonstellationen eines Fächerverbandes, nämlich der „Kulturwissenschaften" (vgl. J. Schönert 1999, S. 47 f., 51; zur Begriffsklärung „Kulturwissenschaft(en)" s. a. H. Böhme/ K. Scherpe 1996; H. Böhme u. a. 2000).

Der Schule und hier in besonderer Weise dem Deutschunterricht kommt eine in mehrfacher Hinsicht kulturelle Funktion zu. Deutschunterricht eröffnet Wege zur Kultur; er interpretiert Kultur, transportiert solche, wirkt kulturschaffend bzw. –schöpferisch, gestaltet Kultur.

Ihm fällt zu gutem Teil die Aufgabe zu – speziell im Rahmen seiner literarischen Arbeit -, das kulturelle Gedächtnis unseres geschichtlich geprägten Lebensraumes wach zu halten und die Schüler „kulturfähig" zu machen, d. h. das Verständnis für Kultur zu wecken, zur kulturellen Teilhabe zu motivieren und zum verantwortlichen Engagement für Wahrung, Erneuerung und Weitergabe von „Kulturgütern" zu animieren[22].

Die Orientierung des Unterrichts an Kultur und zu Kultur hin wird in den letzten Jahren nachdrücklich gefordert. Das hängt mit der Diskussion um Begriff und Inhalt von „Kulturwissenschaft(en)" zusammen[23].

---

[21] Die Versuche, eine neue Leitkultur zu definieren, zeigen übrigens, dass ihm – auch heute noch – ein normativer Bezug eigen ist.

[22] Unter Kulturgüter versteht man jene Güter, welche als geistige Objekte von historischer Gestalt Kultur und Kulturgemeinschaft begründen (z.B. dichterisches Werk, Bauwerk, religiöses Ritual, Gesetz, Staatsverfassung, Sprache, Brauch...) Unter Beachtung ihres innewohnenden Wertes werden diese als Kulturinhalte oder – gehalte aufgefasst.

[23] Kulturwissenschaft (im Singular) ist ein Sammelbegriff und benennt eine Meta- oder Großwissenschaft, der andere Disziplinen (Geistes- und Sozialwissenschaften) in sich vereint und gleichzeitig ablöst. Der Ausdruck Kulturwissenschaften (im Plural) beschreibt ein Ensemble verschiedener Fächer (Fächerverbund), deren Eigen-

44

Die Tendenz, Geistes- und Sozialwissenschaften bzw. Humanwissenschaften als Kulturwissenschaften zu deklarieren und eine kulturwissenschaftliche Wende zu proklamieren, hat auch zu einem veränderten Verständnis von Germanistik und Literaturwissenschaft geführt. Literaturwissenschaft als Kulturwissenschaft zu betreiben, lautet demnach eine Forderung, die auch im Deutschunterricht zur Geltung kommt (vgl. z.B. das Themenheft 3/2001 von „Der Deutschunterricht" mit dem Titel „Kulturwissenschaft. Impulse für den Deutschunterricht").

Sowohl der Literaturwissenschaft wie der Schulpraxis wird eine kulturwissenschaftliche Orientierung abverlangt. Unterrichtliche Gegenstände/ Programme können und sollen durch kulturwissenschaftiche Perspektiven erweitert und vertieft werden. Die Öffnung der Literaturwissenschaft zur Kulturwissenschaft hat laut B. Herrmann (2001, S.71) eine geradezu explosionsartige Erweiterung des fachlichen Gegenstandsbereichs und eine Vervielfältigung der theoretischen Zugriffsmöglichkeiten bewirkt.

Die kulturwissenschaftliche Neuorientierung der Literaturwissenschaft mit ihrer mehrperspektivischen Sichtweise, die mit einer Ausdifferenzierung eine produktive Erweiterung des Faches bringt, führte dazu, für einen verbesserten Deutschunterricht (speziell Literaturunterricht) plädierend einen kulturwissenschaftichen Ansatz einzufordern.

Literaturunterricht, der kulturwissenschaftlich orientiert ist, wird darauf zu achten haben, „Kultur als Text zu lesen". Bei dieser Forderung geht es weniger um den „Materialwert" der Texte als um kulturelle Phänomene bzw. Erscheinungsformen und kulturstiftende Leistungen. Aufgabe solchen Unterrichts ist auch die Vermittlung bzw. der Erwerb spezifischer Kompetenzen und Einstellungen. Literaturwissenschaftlicher Deutschunterricht strebt nicht nur muttersprachliche Kompetenzsteigerung an und die Förderung kultureller Identität, sondern auch Interkulturalität. Als hervorragendes Ziel wird die kulturelle Kompetenz angestrebt: eine Kompetenz, die verschiedene Fähigkeiten impliziert wie das Verständnis für die das gesellschaftliche Leben konstituierenden Kulturgüter (Werte) und den Willen, für deren Erhalt einzustehen. Solche Kompetenz ist nicht nur an literarischer Bildung zu messen. Sie erfordert eine Grundhaltung, die als ethische Verantwortung für die „Güterwelt" (wozu auch die kulturellen Gegenstände und Phänomene gehören) gekennzeichnet werden kann[24].

Aufgabe des Schulunterrichts ist auch, eine Öffnung hin zu anderen kulturellen „Milieus" zu erreichen. Es gilt hierbei, ein interkulturelles Verständnis anzubah-

---

charakter gewahrt und deren fachspezifische Perspektiven in die Betrachtung der zur fragestehenden Gegenstände eingebracht werden (vgl. B. Herrmann 2001, S. 72 f., s. a. H. Böhme u. a. 2000).
[24] Am Aufbau dieser Grundhaltung sind neben der Schule auch andere edukativ wirksame Institutionen beteiligt.

nen. Dazu gehört, den Sinn zu wecken für das gleichwertige Nebeneinander unterschiedlicher Kulturen sowie auch für die Vielzahl weltanschaulicher Einstellungen in der pluralisierten Welt zu werben. Ziel ist dabei, zu einer Vielheit von Identitäten, Wertentwürfen und Denkbildern zu erziehen (vgl. H. Müller-Michaels 1998, S. 17 f.).

Literaturdidaktik und Lehrerbildung

Die aktuellen Entwicklungen im Wissenschaftsbereich, speziell die den Fragekomplex betreffende und heute viel diskutierte Integration von Literatur-, Medien- und Kulturwissenschaft, hat eine Fülle von Reformvorstellungen hervorgebracht. Daraus resultieren tiefgreifende Veränderungen für das Literaturstudium und für den Deutschunterricht.

Nicht zu übersehen sind die Akzentsetzungen in den Reformdiskussionen hinsichtlich des Lehrerstudiums und seine Auswirkungen auf die Unterrichtspraxis im Deutschunterricht (vgl. dazu B. Lecke 1996, 1999). Gemeinhin wurden Deutschlehrer in Sprach-, Literaturwissenschaft, Allgemeiner Pädagogik und Fachdidaktik ausgebildet. In den letzten Jahren wurde der Ruf nach Aufnahme bzw. stärkerer Berücksichtigung von medienpädagogischen und kulturbezogenen Studienanteilen immer lauter.

Im Hinblick auf die Vielfalt und die Bedeutung der Medien postulieren etwa der Schulausschuss der Kultusministerkonferenz (1998), J. Schönert (1999), J. Wermke (1997) u. a. spezifische Qualifikationen und Vermittlungskompetenzen, die im Rahmen der Lehrerbildung (Lehreraus– und –fortbildung) erworben bzw. angebahnt werden sollen. Lehrpersonen wird zweierlei abverlangt: Medienkompetenz und medienpädagogische Kompetenz. Medienkompetenz kann dabei als das bezeichnet werden, worauf Medienerziehung zielt (Näheres dazu: B. und B. Hamann 2001, S. 12 f.).

Unter medienpädagogischer Kompetenz wird hingegen die Fähigkeit verstanden, anderen Medienkompetenz unter pädagogischen Aspekten angemessen vermitteln zu können. Vom Lehrer wird also gefordert, ein gewisses Maß an Wissen um Medien zu besitzen und damit sachgemäß umgehen zu können. Darüber hinaus muss er qualifiziert sein, andere medienkompetent zu machen. Hierfür sind didaktische Kenntnisse sowie die Vertrautheit mit medienpädagogischen Konzepten vonnöten. Unter dem Aspekt professionalisierten Handelns rechnet S. Aufenanger (1999b, S. 95) folgende Fähigkeiten zur medienpädagogischen Kompetenz: Medienkompetenz, Wissen um pädagogische/ didaktische Konzepte, Wissen um Medienwelten von Kindern und Jugendlichen, Sensibilität für Medienthemen und Medienerlebnisse, medienpädagogisches Handeln (Können). Vermittelt bzw. erworben werden kann solche Kompetenz in einem bestimmten Praxisbezug (z.B. durch Praktika, Hospitationen). Sinnvoll erscheint hierfür auch die Beschäftigung mit medienpädagogischer Kasuistik, d.h. der Analyse und Besprechung praktischer Fälle.

Medienpädagogische Aufgaben liegen im Fachlichen wie im Erzieherischen. Lehrern obliegt es, Informationen zu vermitteln, analytische Fähigkeiten und ein kritisches Urteilsvermögen aufzubauen wie auch verständnisvoll auf Situation und Bedürfnisse ihrer Schüler einzugehen sowie erzieherisch auf ihr Verhalten und Wertbewusstsein einzuwirken. Von daher ergeben sich grundlegende Anforderungen an die medienpädagogischen Qualifikation, die zunehmend komplex und verflochten wird.

Mit medialen Aspekten des Lehramtstudiums beschäftigt sich auch J. Wermke (1997 b, S. 181 ff.), wobei curriculare Entwicklungen und die Kompetenzförderung im Hinblick auf einen integrativen Deutschunterricht besonders akzentuiert werden.

Medienpädagogische Kompetenz als professionelles Merkmal von Lehrkräften wird ferner vom Schulausschuss der Kultusministerkonferenz herausgestellt. Als für berufliche Handlungskompetenz unentbehrlich werden folgende Qualifikationen als besonders relevant angesehen (Näheres dazu: KMK 1998, S. 2 ff.):

- Anwendungsfähigkeit
  Dabei geht es um die Befähigung, mit Geräten, Netzen und Datenbanken effektiv, verantwortbar und rechtlich abgesichert umgehen zu können.
- Analysefähigkeit
  Hiermit ist das Vermögen zu kritischer Analyse medialer Erzeugnisse und ihrer - auch ungewollten – Wirkungen angesprochen.
- Kommunikationsfähigkeit
  Gemeint ist hier die Fähigkeit der Lehrkräfte, mit den Schülern eine offene und einfühlsame Diskussion über mediale Einflüsse, Medienerlebnisse und -wirkungen zu führen.
- Gestaltungsfähigkeit
  Dabei geht es um die Fähigkeit, das spezifische Gestaltungs-, Motivations- und Kompensationspotential der Medien – besonders auch der elektronischen Medien – zu nutzen, die Schüler in praktischer und gestalterischer Medienarbeit anzuleiten „und so zu begleiten und zu fördern, dass unterschiedliche Stilmittel, Möglichkeiten der technischen

Umsetzung und kreativen Gestaltung sowie Formen medialer Kommunikation erfahrbar werden" (ebd., S.4)

- Managementfähigkeit
  Hierbei geht es um die Fähigkeit, den Medieneinsatz nach medienpädagogischen Gesichtspunkten zu planen und sinnvoll zu gestalten und zwar unter Nutzung von Hilfsangeboten, z.B. seitens der Experten oder Medieninstitutionen.

J. Schönert, der für das Lehrerstudium nachdrücklich ein medienwissenschaftliches Ausbildungsangebot fordert, plädiert für die Ausbildung einer „medienübergreifenden Analysekompetenz" in der Eingangsphase. Für die zweite Phase (3.bis 6. Semester) empfiehlt er die Konfrontation mit unterschiedlichen „Medienprodukten" und die Anbahnung von Erfahrungen mit einem „Medienproduktbereich". Erst in der dritten Phase (6. bis 9. Semester) sollte die Festlegung auf einen medial und gegebenenfalls auch national bestimmten Gegenstandsbereich erfolgen – auf mündliche oder gedruckte Texte, Theater, Film, Hörfunk und Fernsehen oder auf „Allgemeine Medienwissenschaft" (vgl. J. Schönert 1999, S.60 f.).

Eine Neuorientierung des Lehrerstudiums wird heutzutage – in spezieller Blickrichtung auf einen zeitgemäßen Deutsch- bzw. Literaturunterricht – auch noch unter Einbeziehung anderer Gesichtspunkte verlangt. Die Frage nach der Spezifik des Gegenstandes Literatur erfordert eine Antwort auf angemessene Inhalte und Formen der akademischen Lehre und des schulischen Unterrichts. Die Erweiterung des nicht nur sach-/ wortgebundenen Literaturbegriffs und die Berücksichtigung geisteswissenschaftlicher Kontexte lassen eine Revision der Lehrerbildung ebenso vonnöten erscheinen wie eine zuweilen propagierte „kulturwissenschaftliche Wende im Deutschunterricht" (vgl. K.-M. Bogdal 2001, S. 2 f.).

Das Nebeneinanderstehen und die Interdependenz literarischer, filmischer und elektronischer „Texte" führt zu einer notwendigen Ausweitung und Veränderung des Studienangebotes in Richtung einer Literaturwissenschaft (vgl. B. Lecke 1999, S. 14 f.).

Ohne die Neuorientierung bzw. Öffnung der Literaturwissenschaft in Richtung Kulturwissenschaft hier thematisch markieren zu wollen (vgl. dazu H. Böhme u.a. 2000; R. Glaser/ M. Luserke 1996) soll lediglich auf Konsequenzen für die Lehrerausbildung verwiesen werden. Unter Modifizierung diesbezüglicher Erwägungen von B. Herrmann (2001, S. 14 f.) erscheinen folgende Überlegungen hinsichtlich einer qualitätsvollen Unterrichtspraxis bedenkenswert.

48

Kulturwissenschaftliche Studienanteile könnten bzw. sollten sich nach unserer Einschätzung über Einblicke in die Medienwelt hinaus auch auf andere kulturelle Phänomene, auf kulturelle Felder und kulturelle Gesamtzusammenhänge beziehen25.

Zu Studienangeboten, die bei künftigen Lehrpersonen ein breiteres Spektrum an Wissensbeständen grund legen müssen, könnten etwa folgende gerechnet werden: Grundzüge der Kulturgeschichte, Kernfragen kulturwissenschaftlicher Disziplinen, gemeinschaftskonstituierende und –trächtige Kulturgüter, dominante Lebensstile, konkurrierende Wertkodizes (Normensysteme) u. a.26.

Neben der kenntnismäßigen Erfassung wesentlicher kultureller Phänomene und Sachverhalte, die den eigenen Kulturkreis betreffen, sind auch Kulturvergleiche mit denen anderer Prägung vonnöten (Interkulturalität in einer globalisierten Welt).

Wie wichtig Einblicke und Engagement für die Herausbildung und Förderung nationaler kultureller Identitäten wie auch Kenntnis und Achtung fremdländischer Kulturen sind, hat die jüngst geführte Debatte um die (deutsche) „Leitkultur" eindringlich gezeigt.

Bei den genannten Studienangeboten, wobei es um Vermittlung und Erwerb von kulturellen Qualifikationen insbesondere im Rahmen der Lehrerbildung geht, müssen die einzelnen kulturwissenschaftlichen Disziplinen unter Einbringung ihrer je spezifischen Beiträge kooperieren. Den Studierenden muss – um sie nicht zu überfordern – die Möglichkeit geboten werden, individuelle Schwerpunkte zu setzen, z.B. in Bezug auf einzelne Kultur- und Medienbereiche oder hinsichtlich der Akzentuierung einzelner Dimensionen von Gegenständen bzw. Wirklichkeiten, z.B. ästhetische, sprachliche...).

Dass Lehrpersonen nicht bloß kulturelle Kompetenz besitzen, sondern diese auch an die Schüler vermitteln sollen, ist eine wesentliche Komponente des schulischen Bildungsauftrags. Dazu gehört besonders die Förderung des Verstehens von Kultur (auch des ästhetischen Empfindens) sowie die Motivation zur Wahrung, Mehrung und Weitergabe kulturellen Erbes und zur Ermächtigung kulturbezogenen Handelns und Gestaltens.

---

[25] Dabei sollten neben geistes- und gesellschaftswissenschaftlichen Aspekten auch naturwissenschaftliche Fragestellungen einbezogen werden.
[26] Bei den Studienangeboten geht es nicht nur um sachlich-inhaltliche Darbietungen, sondern auch um Vermittlung methodischer Zugänge.

6. Literatur

Arnold, H. L.& Detering, H. (Hg.): Grundzüge der Literaturwissenschaft, München 1996.

Aufenanger, St.: Medienpädagogische Projekte – Zielstellungen und Aufgaben, in: Baacke, D. u. a. : Handbuch Medien: Medienkompetenz, Bonn 1999, S. 94-97.

Beisbart, O., Eisenbeiß, U., Koß, G.& Marenbach, D. (Hg.): Leseförderung und Leseerziehung. Theorie und Praxis des Umgangs mit Büchern für junge Leute, Donauwörth 1993.

Belgrad, J.& Melenk, H. (Hg.): Literarisches Verstehen – Literarisches Schreiben. Positionen und Modelle zur Literaturdidaktik, Hohengehren 1996.

Belgrad, J.& Fingerhut, K. (Hg.): Textnahes Lesen. Annäherungen an Literatur im Unterricht, Baltmannsweiler, 1998.

Böhme, H. & Scherpe, K. (Hg,): Literatur und Kulturwissenschaft. Positionen, Theorien, Modelle, Reinbek 1996.

Ders., Matussek, P.& Müller, L.: Orientierung Kulturwissenschaft. Was sie kann, was sie will, Reinbek 2000.

Bogdal, K. M.: Historische Diskursanalyse der Literatur, Opladen/Wiesbaden 1999.

Ders.: Problematisierung der Hermeneutik im Zeichen des Poststrukturalismus, in: Arnold, H.L. & Detering, H. (Hg.): Grundzüge der Literaturwissenschaft, München 1996, S. 137-156.

Ders.: Kulturwissenschaftliche Wende im Deutschunterricht?, in: Der Deutschunterricht, 53 (3), 2001, S.2-3.

Bredella, L.: Einführung in die Literaturdidaktik, Stuttgart u.a. 1976.

Czáky, M. (Hg.): Literatur als Text der Kultur, Wien 1999.

Eicher, Th. (Hg.): Zwischen Leseanimation und literarischer Animation. Konzepte der Lese(r)förderung. In Zusammenarbeit mit P. Konrady und G. Rademacher, Oberhausen 1997.

Fingerhut, K.: Kafka für die Schule, Berlin 1996.

Ders.: Der subjektive Faktor im neuen Literaturunterricht. Einige Überlegungen zum Wertewandel in der Literaturdidaktik. Diskussion Deutsch, 16 (84), S. 349-359.

Förster, J.: Literatur als Sprache lesen, in: Belgrad, J.& Fingerhut, K. (Hg.): Textnahes lesen, Baltmannsweiler, S. 54-69.

Fröchling, J.: Expressives Schreiben. Untersuchungen des Schreibprozesses und seiner Funktion als Grundlage für eine Laienschreibdidaktik, Frankfurt/Main 1987.

Glaser, R.& Luserke, M. (Hg.): Literaturwissenschaft- Kulturwissenschaft. Positionen, Themen, Perspektiven. Opladen 1996.

Garbe, Ch., Rosenbrock, C.& Schön, E. (Hg.): Lesen im Wandel. Probleme der literarischen Sozialisation heute, Lüneburg, 1997.

Grübel, R., Grüttemeier, R. & Lethen, H.: Orientierung Literaturwissenschaft. Was sie kann, was sie will, Reinbek 2001.

Haas, G.: Handlungs- und produktionsorientierter Literaturunterricht. Theorie und Praxis eines „anderen" Literaturunterrichts für die Primar- und Sekundarstufe, Seelze 1997.

Hamann, B. & Hamann, B.: Medienkompetenz als aktuelle schulische Bildungsaufgabe im Informations- und Kommunikationszeitalter, in: IBW-journal, 39 (6), S.12-22.

Hassenstein, F. : Literaturwissenschaft und Literaturdidaktik, in: Lange, G., Neumann, K.& Ziesenis, W. (Hg.): Taschenbuch des Deutschunterrichts, Bd. 2: Literaturdidaktik, Hohengehren 1998, S. 469-487.

Hein, J.: Kanon-Diskussion in Literaturdidaktik und Öffentlichkeit. Eine Bestandsaufnahme, in: Kochan, D. C.: Literaturdidaktik-Lektürekanon-Literaturunterricht, Amsterdam 1990, S. 311-346.

Herrmann, B.: Noch einmal: Literaturwissenschaft als Kulturwissenschaft. Ein vorläufiges Resümee, in: Der Deutschunterricht, 53 (3), S.66-76.

Hörisch, J.: Die Wut des Verstehens, Frankfurt/Main 1988

Hoppe, A.: Kernfach Deutsch: Anspruch und Wirklichkeit – Defizit und Leistungen; zum Stellenwert des Faches Deutsch. Mitteilungen des Deutschen Germanistikverbandes, 48 (2), S. 222-262.

Hopster, N. (Hg.): Handbuch "Deutsch" für Schule und Hochschule. Sekundarstufe I, Paderborn u. a., 1984.

Hurrelmann, B.: Leseförderung. Praxis Deutsch, 21 (127), 1994, S. 17-26.

Dies.: Textverstehen im Gesprächsprozess. Zur Empirie und Hermeneutik von Gesprächen über die „Geschlechtertausch"- Erzählungen, in: Hurrelmann, B., Kublitz, M.& Röttger, B. (Hg.): Man müsste ein Mann sein...? Interpretationen und Kontroversen zu Geschlechtertausch-Geschichten in der Frauenliteratur, Düsseldorf 1987, S. 57-82.

Dies.: Leseförderung, in: Dichanz, H. (Hg.): Medienforschung. Konzepte, Themen, Ergebnisse, Bonn 1998, S.129-138.

51

Josting, P.& Switalla, B.: Mediendidaktik als Problem der Germanistik?, in: Mitteilungen des Deutschen Germanistenverbandes, 44 (1), 1997, S.3-8.

Kreft, J.: Grundprobleme der Literaturdidaktik, Heidelberg 1977.

Lange, G., Neumann, K. & Ziesenis, W. (Hg.): Taschenbuch des Deutschunterrichts. Grundfragen und Praxis der Sprach- und Literaturdidaktik, Bd. 2: Literaturdidaktik: Klassische Form, Trivialliteratur, Gebrauchstexte, Hohengehren 1998[6].

KMK = Sekreatriat der Ständigen Konferenz der Länder in der Bundesrepublik Deutschland. Zur Rolle der Medienpädagogik, insbesondere der neuen Medien und der Telekommunikation in der Lehrerbildung. Bericht des Schulausschusses vom 11.12.1998, Bonn (Hektographiertes Manuskript).

KMK : Medienpädagogik in der Schule. Erklärung der Kultusministerkonferenz vom 12.05.1995, Bonn (Hektographiertes Manuskript).

Lecke, B. (Hg.): Literatur und Medien in Studium und Deutschunterricht, Frankfurt /Main u. a., 1999.

Ludes, P.: Einführung in die Medienwissenschaft, Berlin 1998.

Merkelbach, V.: Zur Theorie und Didaktik des literarischen Gesprächs, in: Christ, H. (Hg.): „Ja, aber es kann doch sein...“, Frankfurt 1995, S. 12-52.

Meyer, M.A. (Hg.): Allgemeine Didaktik, Fachdidaktik und Fachunterricht, Weinheim 1994.

Mitteilungen des Deutschen Germanistenverbandes, 48. Jg., Heft 2 /2001.

Müller-Michaels, H.: Wege zur Kultur. Abschlussplenum des Bochumer Germanistentages vom 2.10.1996, in: Köhnen, R. (Hg.): Wege zur Kultur, Frankfurt/Main u. a., S.11-19.

Paefgen, E.K.: Einführung in die Literaturdidaktik, Stuttgart/Weimer 1999.

Dies.: Textnahes Lesen. Sechs Thesen aus didaktischer Perspektive, in: Belgrad, J.& Fingerhut (Hg.): Textnahes Lesen, Baltmannsweiler 1998, S. 14-23.

Dies.: Schreiben und Lesen. Ästhetisches Arbeiten und literarisches Lernen, Opladen 1996.

Rupp, G.: Kulturelles Handeln mit Texten. Fallstudien aus dem Schulalltag, Paderborn u. a., 1987.

Rusterholz, P.: Zum Verhältnis von Hermeneutik und anti-hermeneutischen Strömungen, in: Arnold, H. L.& Detering, H. (Hg.): Grundzüge der Literaturwissenschaft, München 1996, S. 157-177.

Schneider, J.: Einführung in die moderne Literaturwissenschaft, Bielefeld 2000[3].

52

Schönert, J.: 'Kultur' und 'Medien' als Erweiterungen zum Gegenstandsbereich der Germanistik in den 90ger Jahren, in: Lecke, B. (Hg.): Literatur und Medien in Studium und Deutschunterricht, Frankfurt/Main 1999, S. 43-64.

Schuster, K.: Das personal-kreative Schreiben im Deutschunterricht. Theorie und Praxis, Baltmannsweiler 1997[2].

Schutte, J.: Einführung in die Literaturinterpretation, Stuttgart u. a., 1993[3].

Spinner, K.H.: Kreatives Schreiben. Praxis Deutsch, 20 (119), 1993 a, S. 17-23.

Ders.: Umgang mit Texten und Medien, in: Einsiedler, W. (Hg.) u. a.: Handbuch Grundschulpädagogik und Grundschuldidaktik, Bad Heilbrunn 2001, S. 420-424.

Ders.: Literaturdidaktik der 90er Jahre, in: Bremer-Voss, A. (Hg.): Handlungsfeld Deutschunterricht im Kontext, Frankfurt/Main, S. 23-36.

Ders.: Interpretation im Deutschunterricht. Praxis Deutsch, 14 (81), 1987, S. 17-23.

Ders.: Textanalyse im Unterricht. Praxis Deutsch 16 (98), 1989, S.19-23.

Vogt, J.: Einladung zur Literaturwissenschaft, München 1999.

Waldmann, G.: Produktiver Umgang mit Literatur im Unterricht. Grundriss einer produktiven Hermeneutik. Theorie, Didaktik, Verfahren, Modelle, Hohengehren 1999[2].

Ders.: Grundzüge von Theorie und Praxis eines produktionsorientierten Literaturunterrichts, in: Hopster, N. (Hg.): Handbuch „Deutsch" für Schule und Hochschule, Sekundarstufe I, Paderborn u. a., S. 98-141.

Wilpert, G. von: Sachwörterbuch der Literatur, Stuttgart 2001[8].

Wermke, J.: Deutschunterricht in einer Medienkultur, 1997, in: Mitteilungen des Deutschen Germanistenverbandes 44 (1), S. 35-54.

Dies.: Integrierte Medienerziehung im Fachunterricht. Schwerpunkt: Deutsch, München 1997 b.

Werner, J.: Literatur im Unterrichtsgespräch. Die Struktur des literaturrezipierenden Diskurses, München 1996.

Wieler, P.: Sprachliches Handeln im Literaturunterricht als didaktisches Problem, Bern u. a. 1989.

Wintersteiner, W. (Hg.): Thema Texte interpretieren, Innsbruck/Wien 1996.

III. Zentrale Aspekte heutiger Mediendidaktik

Eine heutzutage wichtige Aufgabe der Schule besteht darin, in der gegenwärtigen „Mediengesellschaft" den verantwortlichen Umgang mit Medien zu fördern und Medienkompetenz – im Sinne eines fächerübergreifenden allgemeinen Lernziels – auf- und auszubauen.

Zur Gewährleistung dieses Postulats gehört einerseits die Medienkompetenz der Lehrer, andererseits auch die der Schüler. Die dabei anvisierte Kompetenz auf Seiten der Lehrer sowie der Schüler wird häufig als technische, semantische und pragmatische Fähigkeit näherhin gekennzeichnet.

Begriffliche Bestimmungen

Als Medien im weitesten Sinne gelten alle Mittel und Verfahren, die der Übermittlung und dem Austausch von Informationen dienen. Unter dem Begriff „Medien" fasst man auditive, visuelle, audiovisuelle und elektronische Kommunikationsmittel. Ihr Ensemble reicht von Presseerzeugnissen über Formträger, Film und Fernsehen, DVD, CD-Rom usw. bis hin zum Internet. Der Begriff „neue Medien" grenzt im Allgemeinen das Feld gängiger Medien ein und meint alle elektronischen und auf digitaler Basis arbeitenden audiovisuellen Massenmedien. Das Stichwort „Multimedia" verweist auf die Verwendung bzw. das Zusammenwirken verschiedener Medien.

Mit der Realität von Medien sind unter jeweils speziellen Sichtweisen mehrere wissenschaftliche Disziplinen befasst wie Pädagogik, Psychologie, Soziologie, Philosophie, Publizistik, Sprach- und Literaturwissenschaft, Kunst- und Kulturwissenschaft. In besonderer Weise ist auch die Kommunikationswissenschaft mit der Wirklichkeit der Medien beschäftigt (zu den Kernfragen letzterer vgl. man die thematische Auflistungen bei R. Burkart 2002; M. Faßler 1997; K. Merten 1999; K. Merten u. a. 1994).

Im Hinblick auf das weite Feld und die Vielfalt der Medien, die im Alltag und den verschiedenen Lebensbereichen eine wichtige Rolle spielen und das Wissen, Erleben und Verhalten der Menschen beeinflussen bzw. mitgestalten, sollen im Rahmen der folgenden Überlegungen bzw. Ausführungen Fragen, die den schulischen Unterricht und speziell die dort erfolgende Medienarbeit betreffen, thematisiert werden.

1. Schulpädagogisch relevante Akzentuierungen

Fragestellungen und Probleme, welche den Umgang bzw. die Arbeit mit Medien betreffen, werden in der Medienpädagogik und Mediendidaktik in besonderer Weise spezifiziert. Dort werden Inhaltsfragen, Zielstellungen und Verfahrensfragen unter verschiedenen Perspektiven akzentuiert.

Die Medienpädagogik, deren Gegenstandsbereich das vielgestaltige Medienspektrum ist, zielt auf die Bewusstmachung der Bedingungen, Funktionen und Wirkungen der Medien im Hinblick auf deren kritische Nutzung, den funktionalen Einsatz zur Erreichung optimaler Lehr- und Lernerfolge sowie die Förderung lebensbedeutsamer Fähigkeiten, Einstellungen, Haltungen und Handlungskompetenzen (vgl. R. Merkert 1992, H. Moser 2000; R. Vollbrecht 2001). Unter den Ansätzen der Medienpädagogik werden je nach den in den Vordergrund gerückten Zielen im Umgang mit Medien folgende besonders hervorgehoben: die normative (förderliche und schädliche Einflüsse berücksichtigende), die funktionale (am Lernerfolg orientierte) und die sogenannte emanzipatorische (kritische Aufklärung favorisierende) Medienpädagogik. Spezifische Ansätze ergeben sich auch dann, wenn – wie unter pragmatischen Gesichtspunkten – versucht wird, das medienpädagogische Problemfeld ein- bzw. zu unterteilen in Medienkunde, Medienforschung, Mediendidaktik und Medienerziehung (vgl. R. Merkert 1999, S. 172 f.).

Erzieherische Schwerpunkte spielen in der Schule seit je eine erhebliche Rolle, wo immer es um Inhalts-, Ziel- und Gestaltungsfragen geht. Dass Schule in der modernen Informations- und Kommunikationsgesellschaft besonders auch der Medienvielfalt Rechnung zu tragen hat, gehört zu ihrem Erziehungs- und Bildungsauftrag. Darauf bezogene Forderungen werden an vielen Stellen erhoben. Dazu gehört auch die Erklärung der Kultusministerkonferenz (KMK) von 1995 zur „Medienpädagogik in der Schule". Diese Erklärung nimmt ausdrücklich Bezug auf den Orientierungsrahmen der Bund-Länder-Kommission für Bildungsplanung und Forschungsförderung (BLK) mit dem Titel „Medienerziehung in der Schule" (verabschiedet 1994). Der Orientierungsrahmen, der von der Entwicklung der Medien und ihrer Wirkungen ausgeht und Leitvorstellungen entwickelt, an denen sich die pädagogische Arbeit in der Schule orientieren kann, dient als Grundlage für entsprechende Umsetzungen in den Ländern der BRD (Dokumentation der Beschlüsse der KMK und der BLK in: Bayerisches Staatsministerium für Unterricht... 1996).

Was Zielsetzungen von Medienerziehung in der Schule angeht, sei Folgendes hervorgehoben: Medienerziehung soll bewirken, dass junge Menschen Medien

55

als kulturelles Phänomen begreifen lernen. Sie trägt zur Erfüllung schulischen Erziehungsauftrags wesentlich bei, wenn sie sich bemüht, Wertorientierung, Urteilsvermögen, Kommunikationsfähigkeit und schöpferische Kräfte der Schüler zu fördern. Teilziele, die dabei anvisiert und als Komponenten von Medienkompetenz forciert werden sollen, sind:

- die Verbreitung und Wirkung von Medien kennen lernen
- Medien verstehen und beurteilen lernen
- Medien gestalten und einsetzen lernen
- Medien auswählen und auswerten lernen
- Medien im gesellschaftlichen Zusammenhang sehen lernen (Näheres dazu findet sich in: Bayerisches Staatsministerium...1996, S. 12f.).

Im Unterschied zu der umfassenderen Medienpädagogik sind der Mediendidaktik – trotz teilweiser Übereinstimmung im Gegenstandsbereich – andere Akzentsetzungen eigen. Deren Frage- und Problemkreise rekurrieren stärker und deutlicher auf dem Didaktik- als dem Erziehungsbegriff und den damit umschriebenen Phänomenen.

Im weitesten Sinne versteht man unter Didaktik die Theorie des Lehrens und Lernens in den verschiedensten Bereichen. Im engeren Sinne wird damit die Theorie des (schulischen) Unterrichts oder auch die Theorie der Lehr- und Bildungsinhalte (ihrer Struktur, Auswahl und Zusammensetzung) gemeint. Meistens wird ihr die Beschäftigung mit Inhalts- und Methodenfragen zugesprochen. Hinsichtlich der didaktisch relevanten Bereiche gibt es – wie genannte Zuweisungen zeigen – kontroverse Auffassungen, die einer einheitlichen Theorieentwicklung und Begriffsbildung hinderlich sind.

Heute existieren mehrere Hauptströmungen der Didaktik nebeneinander. Zu den wichtigsten didaktischen Theorien und Modellen gehören die bildungstheoretische, die lehrtheoretische, die kritisch-kommunikative, die kybernetisch-informationstheoretische und die curriculare Didaktik (Näheres dazu bei: H. Gudjons, R. Winkel 1999; I. v. Martial 1996, S. 117 ff., S. 139 ff.; W. Memmert 1991, S. 6 ff; F. W. Kron 2000, S. 102 ff.).

Im Zusammenhang der Betrachtung differenter didaktischer Felder kann hier noch auf die Unterscheidung zwischen Allgemeiner Didaktik, Fachdidaktik, Bereichsdidaktik mit je genuinen Fragestellungen hingewiesen werden. Zum Beispiel sei an dieser Stelle auch die Deutschdidaktik erwähnt, die in besonderer Weise um die Herstellung von Kommunikationsfähigkeit bemüht ist und der die Ausbildung kommunikativer Fertigkeiten im praktischen Unterricht und die kommunikationswissenschaftliche Begründung des Deutschunterrichts ein wichtiges Anliegen ist. Es gilt, die Schüler mit Qualifikationen zur Bewältigung von Kommunikationssituationen auszustatten. Unter der hier angestrebten kommunikativen Kompetenz wird die Fähigkeit verstanden, sich selbst, seine Absichten und Bedürfnisse in Kommunikationsprozessen dem Kommunikationspartner zugänglich zu machen sowie die des Gegenüber wahrzunehmen und sich auf einen dialogischen Lernprozess einzulassen. Als Mittel zum Erwerb kommunikativer Kompetenz gewinnen Sprache und verschiedene Formen des Rollenspiels beachtliche Bedeutung (zur Relevanz von Kommunikation im privaten und öffentlichen Leben vgl. man etwa: R. Burkart 2002; M. Faßler 1997; K. Merten 1999).

Zur Legitimation und Orientierung schulischer Medienarbeit

Als Institution und Stätte des Lehrens und Lernens hat Schule den Auftrag, den Schülern jene Kompetenzen zu vermitteln, die sie zur erfolgreichen und sinnhaften Bewältigung von Lebenswirklichkeit benötigen. Dabei fällt den Medien eine wichtige (kaum zu überschätzende) Funktion zu. Wie oben bereits angedeutet sind Medien im Unterrichtsgeschehen einerseits als „Mittler", die zur Vermehrung und Vertiefung von Wissen sowie zu besserem Erkennen und Verstehen von Dingen und Sachverhalten beitragen, andererseits sind sie auch Unterrichtsgegenstand, also Objekte, über die es aufzuklären gilt (hinsichtlich ihrer Realität, Phänomenalität, Wirkpotentialität).

Die nachhaltige Bedeutung von Medien beruht zweifellos darin, dass sie als Träger und Vermittler von lebensweltlich wichtigen Einsichten und Wissen fungieren sowie auch über Handlungsmöglichkeiten orientieren. Die von Medien vermittelten Informationen, Verhaltens- und Handlungsmuster beeinflussen Motivationen, Realitätswahrnehmung, Erwartungen, Interessen, Kommunikations- und Lernverhalten (Näheres dazu: B. und B. Hamann 2002, S. 25 ff.: H. Dichanz 1998, S. 11 ff.).

Um Zwecksetzungen und angestrebte Ziele zu erreichen, sind noch auf Sachverhalte und gangbare Wege bezogene Fragen relevant. Mit dem Unterricht sind immer Inhalts- und Methodenfragen verbunden. Einerseits stellt sich die Frage, was Gegenstand des Lehrens und Lernens sein soll und was hierfür die Gründe sind (Gegenstands- bzw. Inhaltsfrage und die Begründung dafür), andererseits schließt sich die Frage nach den einsetzbaren Mitteln an. In diesem Zusammenhang muss man auch abklären, welche Unterrichtsprinzipien zu beachten sind. Zudem ist zu berücksichtigen, dass Unterricht nicht nur an vorhandene Interessen und Motive anknüpfen, sondern auch solche stiften soll (vgl. hierzu K. Prange 1983, S. 34 f.).

Die Medien helfen mit, ein lebens- und welterschließendes Basiswissen zu erzeugen und handlungsleitende Erkenntnisse und Gestaltungsformen anzubahnen und auszubauen. Angesichts des Lebens in einer komplexen Welt stellt sich dabei die Frage: Was lohnt, angesichts des gewaltigen Anwachsens von Wissen und Informationen gewusst und gelernt zu werden? Welche für das Welt- und Lebensverständnis relevante, der Lebensorientierung und Lebensführung förderliche Schlüsselqualifikationen, die als Lernziele deklariert werden können, sollten vermittelt bzw. erworben werden? Neben der Medienkompetenz, d. h. der Fähigkeit, mit Medien sachgerecht umzugehen, sich ihrer Funktionen und Wirkungen zu vergewissern sowie kritisch zu nutzen, ist es notwendig, noch andere lebensdienliche Schlüsselqualifikationen zu fördern (wie z.B. technologische, kulturelle, ästhetische, ökologische, religiöse Kompetenz, Freizeit-, Kommunikationskompetenz u.a.).

Beim Erwerb von Qualifikationen bzw. Kompetenzen sind in starkem Maße Lehren und Lernen beteiligt.

2. Lehren und Lernen als Indikatoren des Erwerbs und der Veränderung von Wissen und Verhalten

Aspekte des Lehrens

Unter Lehren versteht man in der Regel Aktivitäten von Personen und Instanzen, die bei anderen im Erkenntnis-, Könnens- und Verhaltensbereich Änderungen auslösen bzw. bewirken. Damit können (müssen aber nicht) erzieherische Intentionen verbunden sein. Oft wird der Begriff „Lehren" mit dem Begriff „Unterrichten" gleichgesetzt, obwohl letzterer noch weitere Aktivitäten wie Klassenführung und –organisation, Material- und Medieneinsatz, Leistungsbeurteilung etc. einschließt. E. Terhart hält vier Definitionselemente für Schulunterricht konstitutiv: die pädagogisch intendierte Erweiterung des Wissens- und Fähigkeitsstandes der Schüler, die planvoll strukturierte Weise des Unterrichts, seine Einbindung in einen institutionellen Rahmen, sein Vollzug in professioneller Form (vgl. E. Terhart 1999, S.333).

Bezüglich des Lehrens, das übrigens im Lernen sein Pendant hat, sei darauf hingewiesen, dass ihm eine Zielperspektive sowie ein Sachbezug inhärent sind. Lehren bewirkt die Vermittlung bzw. Weitergabe von Wissen, Fähigkeiten, Fertigkeiten, Überzeugungen, Haltungen u.ä. an andere (Personen und Gruppen). Es hat Lernen zum Ziel, ohne dieses garantieren zu können. Vieles aber wird auch angeeignet, ohne gelehrt worden zu sein. Das Tätigkeitsfeld, in dem Lehren organisiert ist und die Wechselwirkung von Lehren und Lernen in besonderer Weise zum Tragen kommt, ist der Schulunterricht.

Mit der Erforschung des Lehrens und Lernens sowie der genannten Wechselbeziehung beschäftigen sich mehrere wissenschaftliche Disziplinen in der „Lehr-Lehr-Forschung" bzw. "Unterrichtsforschung" (Zur Erforschung des unterrichtlichen Feldes und dominanter Fragestellungen vgl. z.B. H. Niegemann 2001, S. 387 ff; D. Leutner 2001, S. 267 ff; F. W. Kron 2000, S. 230 ff; E. Terhart 1989; F. E. Weinert 1996, S. 1 ff.).

Bei der Lehrtätigkeit bedient man sich bestimmter Lehrformen bzw. Lehrweisen und hilfreicher Lehrmittel bzw. Lehr-/ Unterrichtsmedien, die lehrstrategisch differieren. Lehrformen können etwa unter Berücksichtigung des unterschiedlichen Medieneinsatzes in direkte oder indirekte Lehrformen unter Berücksichtigung verschiedener Schüler- bzw. Lehreraktivitäten in darbietend-gebende, herausholend-erörternde und anreichernd-aufgebende Lehrformen unterschieden werden. Hinsichtlich dominanter Funktionen der Lehrenden ergeben sich eher vortragende, vorzeigende, fragende, fragend-entwickelnde oder auf das Finden gerichtete und dialogische Lehrweisen (zu Formen und Strategien des Lehrens vgl. man besonders H. Aebli 1983; J. Lompscher 2001, S. 394 ff.)

Aspekte des Lernens

Unter Lernen versteht man die Aneignung und Verarbeitung neuer Bewusstseins-, Erlebnis- und Erfahrungsgehalte bzw. Verhaltensweisen. Lernen geschieht vielfach durch Lehren, aber nicht ausschließlich. Vieles wird beiläufig angeeignet (ohne Planung oder Lenkung). Hinter der Übernahme von gesellschaftlichen Werten und Normen oder dem Erlernen von Motiven und Einstellungen stehen häufig keine Strategien. Lernen findet in allen Lebensbereichen (nicht nur in der Schule) und jederzeit (lebenslanges Lernen) statt.

Bei den Lernvorgängen sind vier Lernphasen relevant: die Vorbereitungsphase, Aneignungsphase, die Speicherungsphase, die Erinnerungsphase (letztere mit Abrufung des gespeicherten Materials und möglicher Umsetzung).

Die Unterscheidung von Lernarten ist möglich

- nach Reiz- und Reaktionsmodalitäten (Wahrnehmungs-, motorisches, verbales, kognitives, soziales Lernen);
- nach Art der Darbietung und Übung (intentionales, inzidentielles, programmiertes Lernen);
- nach der Struktur des Lernprozesses (Signal-, Verstärkungs-, Imitations-, Begriffs- und Konzeptlernen, Zerlegungs- und Problemlösungslernen).

Für Lernerfolg sind Lernfähigkeit und Lernbereitschaft wesentliche Bedingungen.

Über die beim Lernen ablaufenden Prozesse wollen mehrere Lerntheorien aufklären. Solche, die über wesentliche Bedingungen, Formen, Komponenten des Lernens informieren und auch praxisanleitende Orientierungen geben können, sind von unterschiedlicher Art. Sie reichen von den behavioristischen Ansätzen (bei denen Reiz-Reaktions-Verbindungen zur Erklärung des Lernens herangezogen werden) und den gestaltpsychologischen Ansätzen (mit der Betonung der „Einsicht" als zentralem Lernprinzip) über andere kognitionspsychologische Theorien, bei denen Bewusstsein bzw. weitere geistige Prozesse als Beeinflussungsfaktoren von Lernprozessen herausgestellt werden) bis hin zu Vorstellungen, die Lernen als Informationsaufnahme- und Informationsverarbeitungsprozesse beschreiben. Daneben ist auch die konstruktivistische Lerntheorie zu nennen, bei welcher Lernen als ein aktiver konstruktiver Prozess gedeutet wird (zu psychologischen Lerntheorien vgl. man B. Drechsel, K. Kramer 1999, S. 364 ff.; N. Seel 2000; F. Weinert 1996, S. 1ff.).

Lerntheorien finden z. B. ihre Anwendung in verschiedenen Lehr- bzw. Instruktionstheorien. Verschiedene von ihnen haben zahlreiche Lerntechnologien inspiriert (z.B. Versuche, Aspekte kognitiver Theorien auf Lehr-Lern-Prozesse zu übertragen, wie etwa H. Aebli (1963) im Anschluss an die kognitive Entwicklung von J. Piaget).

Angesichts des breiten und differenzierten Spektrums menschlichen Lehrens und Lernens ist es nicht angebracht, die verschiedene Akzente setzenden Theorien und Erklärungsmodelle gegeneinander auszuspielen. Hinsichtlich mancher Phänomene ist es geradezu angezeigt, unterschiedliche Sichtweisen (auch konkurrierende) zur Aufklärung heranzuziehen. Vielfach genügt es nicht, innerhalb einer spezifischen Theorie bzw. eines Modells alles sachbezogene Wissenswerte einzubeziehen und anwendungsgerecht zu präsentieren. Bereits gewonnene Einsichten und Erkenntnisse sind zuzulassen, wenn sie „wahr" und „richtig" sind und der Aufklärung und Beantwortung anstehender Fragen dienen.

Einer der einflussreichsten Versuche, menschliches Lernen mehrperspektivisch zu erfassen, gesammeltes Wissen über menschliches Lernen zu integrieren und eine Hierarchie von Lernformen zu entwickeln, stammt von R. M. Gagné (1980). Er hat verschiedene Lernarten (das Signallernen, das Reiz-Reaktionslernen, die Bildung motorischer und sprachlicher Ketten, Diskriminationslernen, Begriffslernen und Regellernen bzw. das Problemlösen) in eine Rangordnung gebracht.

Die geäußerten Erwartungen, alle Lernvorgänge in einer umfassenden Theorie zu repräsentieren, wurden in der gegenwärtigen Lernforschung weitgehend aufgegeben zugunsten von speziellen Theorien. Die Frage, welche Bedingungen und Mechanismen zur Erklärung von Lernprozessen heranzuziehen sind, werden von verschiedenen Lerntheorien unterschiedlich beantwortet. Angesichts der Schwierigkeiten, hierauf eindeutige und verallgemeinerungsfähige („gültige") Antworten zu geben, geht die neuere Entwicklung der Forschung (vgl. hierzu H. Niegemann 2001, S. 387 ff.) dahin, anstelle umfassender Theoriebildung sich verstärkt auf spezielle – auf Teilkomponenten von Lernprozessen bezogene – Teiltheorien (bzw. Miniaturmodelle) zu konzentrieren. Insbesondere bemüht man sich um glaubwürdig erscheinende Lernmodelle und die Erforschung der neurophysiologischen Grundlagen der Lernprozesse (von der Fähigkeit des Nervensystems her begründete Lernvorgänge).

3. Spezielle Kompetenzen zum Umgang mit Medien

Nach der Reflexion auf Eckpunkte des schulischen Unterrichts (Lehren und Lernen) stellt sich die Frage nach speziellen Kompetenzen, die zu einem aktiven Umgang mit Medien im Unterricht befähigen. Hierbei soll der Blick primär auf Lehrqualifikationen und Handlungskompetenzen von Unterrichtenden gelenkt werden.

Man kann W. Maier (1998) zustimmen, wenn er im Hinblick auf einen effektiven Unterricht – Medien-, Kommunikations- und Handlungskompetenz der Schüler leitzielhaft anstrebend – folgende Fähigkeiten des Lehrers/der Lehrerin als besonders relevant hervorhebt: technische, semantische und pragmatische Kompetenz. Solche Qualifikationen, die er im Umgang bzw. der Arbeit mit Medien vermitteln und fördern will, muss er/sie notwendigerweise selbst besitzen.

Medien haben sich quantitativ wie auch funktional zu einem integralen Bestandteil unserer Lebenswelt entwickelt. Die in ihnen und durch sie vermittelten Informationen politischer, wirtschaftlicher, kultureller und anderer Art stehen fast unbegrenzt zur Verfügung. Unterschiedliche Befindlichkeiten, Emotionen und Interessen werden durch bzw. über sie bedient. Ebenso werden Vorbilder, Lebensstile und Persönlichkeitsprofile transportiert und propagiert. Ihre Botschaften können sinnvoll (lebensbereichernd im individuellen wie sozialen Sinne), aber auch sinnwidrig bzw. unvernünftig (lebensverarmend) genutzt werden. Ihre Orientierungsfunktion und Prägekraft in positiv wie negativ zu bewertender Richtung erfordern geradezu Fähigkeiten, die es ermöglichen, ihre offenen wie versteckten Botschaften zu verstehen, sie kritisch zu bewerten und pragmatisch anzuwenden zu können. Entsprechendes zu lernen und einzuüben ist auch der Schule aufgetragen.

Die darauf abzielende Medienarbeit in der Schule, für welche die Vermittlung von Medienkompetenz und Handlungskompetenz zentrale Anliegen sind, sollte laut H. Dichanz (1998, S.11) am Lebens- und Medienalltag der Menschen orientiert sein und auf die Medienwelt der Schüler sowie deren Mediennutzungsgewohnheiten und auf medienbezogene Erwartungshaltungen Bezug nehmen (Näheres zu verschiedenen Aspekten der Medienkompetenz s. a. bei D. Baacke u. a. 1999). Im Hinblick auf verschiedene Komponenten von Medienkompetenz definiert H. Dichanz (1998, S. 14): Sie „ist die Fähigkeit, alle informationsübermittelnden und – verarbeitenden (elektronischen) Medien als Mittel zur Artikulation, Veröffentlichung und Durchsetzung der eigenen Interessen zu nutzen. Medienkompetenz muss einmal darauf zielen, Heranwachsende mit den instrumentellen Kenntnissen und Fähigkeiten auszurüsten, die sich auf die gestalterischen Möglichkeiten der Produzenten beziehen, damit sie deren Botschaften entschlüsseln können. Zum anderen ist eine konstruktive Medienkompetenz erforderlich, die moderne Medien als Mittel der Artikulation und Durchsetzung eigener Interessen versteht und nutzt."

4. Adäquates Lehrerhandeln als mediendidaktisches Postulat

Wenn man davon ausgeht, dass zur Medienkompetenz auch die Fähigkeit gehört, mit Medien sachgerecht umzugehen, sich ihrer Funktionen zu vergewissern sowie sie kritisch zu nutzen, dann ergeben sich daraus bestimmte Anforderungen an adäquates Lehrerhandeln. Dabei soll nicht außer Acht gelassen werden, dass die Hinführung zur Kommunikationsfähigkeit und die Vermittlung von Handlungskompetenz im Umgang mit den Medien (unter Wahrung individueller und sozialer Interessen) als dringliche Ziele verfolgt werden.

Bevor diese Kompetenzen näher dargelegt werden, sollen hier noch einige Bemerkungen zur Bedeutung der Medien in der Lebenswelt der Kinder und Jugendlichen und funktionalen Unterschieden bei einem Medieneinsatz in der Schule eingefügt werden.

Exkurs: Die Bedeutung der Medien in der Alltagswelt der Jugendlichen – Medieneinsatz im Unterricht

Auf die Bedeutsamkeit der Medien im Alltag verweisen schon Umfang und Dauer der Mediennutzung, die bei den Altersgruppen erhebliche Unterschiede erkennen lassen, sowie die Vorliebe für bestimmte Medien (besonders Fernsehen, Radio, Musikkassette, Computer). Laut Bund-Länder-Kommission (1995) „kennen junge Menschen in der Regel wenig Vorbehalte gegenüber neuen Medienangeboten und nehmen sie in ihre Erlebnis-, Gestaltungs- und Informationswelt auf" (vgl. Bayerisches Staatsministerium...1996, S. 19). Medien koppeln Kognitionen, Emotionen, Werthaltungen mit Kommunikationen. Sie kommen jugendlichen Suchbewegungen entgegen, befriedigen eine Ruhe von Bedürfnissen, stoßen in Orientierungslücken vor. „Sie bieten Tipps zur Gestaltung der eigenen Persönlichkeit, Identifikation mit den Idolen und Vorbildern, Anlässe für Gespräche, Ordnung im Alltagsablauf durch Programmstrukturen und Unterstützung bei der Bewältigung besonderer Stimmungslagen" (W. Maier 1998, S. 21).

Die Bedeutsamkeit der Medien im Unterricht lässt sich unter Hinweis auf zwei Funktionsbereiche verdeutlichen: Als technische Hilfsmittel bzw. Werkzeuge, die sich der Intention und der methodischen Kompetenz des Unterrichtenden unterordnen, übernehmen sie bestimmte Lehrfunktionen, ohne allerdings Lehrkräfte ersetzen zu wollen und zu können. Sie dienen der Information, Präsentation, Demonstration von Sachverhalten und unterstützen dadurch Lehrtätigkeiten des Lehrers beim Vortragen, Erklären, Erläutern, Veranschaulichen usw. (z.B. Bilder, Modelle, Objekte). Beim Medieneinsatz im Unterrichtsverlauf übernehmen Medien hingegen nicht in erster Linie den Lehrer unterstützende Funktionen, sondern sie sind als spezifische den Unterrichtsverlauf bzw. den Bewegungsablauf mitbewirkende Determinanten effektiv. Medienfunktionen bzw. Wirksamkeiten sind z.B. motivieren, informieren, intensivieren, aktivieren, individualisieren, memorieren, erweitern, rückmelden, bereichern (vgl. hierzu W. Maier 1998, S. 24 ff).

Lehrerkompetenzen

Medienpädagogisches Bemühen in der Schule ist auf das generelle Ziel fokussiert: Entwicklung bzw. Aufbau von Medienkompetenz. Die praktische Umsetzung dieses Ziels verlangt dem Lehrer und seinem wirksamen Handeln bestimmte Fähigkeiten und Fertigkeiten ab, die als mediendidaktische Kompetenzen zusammengefasst werden können. Unter diesem kommt der technischen, der semantischen und der pragmatischen Kompetenz eine hervorragende Bedeutung zu (vgl. dazu W. Maier 1998, S. 28, 30 ff., 190).

Technische Kompetenz
Hierbei geht es darum, in die technischen Bedingungen der Medien einzuführen sowie zu ihrer Handhabung und Bedienung anzuleiten. Kenntnisse der medialen

63

Technik sind eine wichtige Grundlage für eine inhaltliche Gestaltung der Informationen und Kommunikation. Sie sind auch nötig für den Umgang mit medialen Lernsystemen.

Semantische Kompetenz

Diese bezieht sich auf eine Vermittlung von Wissen um medial vermittelte Botschaften, deren Inhalte und Gestaltung sowie um das Verstehen dieser Informationen. Zur semantischen Kompetenz gehört auch, die Schüler/Schülerinnen zur Analyse und kritischen Bewertung medialer Inhalte hinzuführen und diese zu schulen.

Pragmatische Kompetenz

Bei der pragmatischen Kompetenz handelt es sich um ein Vermögen bzw. Können, das sich auf Kommunikations- und Handlungsfähigkeit der Schüler/der Schülerinnen bezieht und diese ermöglichen soll. Es geht darum, Medien aktiv anzuwenden. Der Lehrer/die Lehrerin ist unter dieser Intention aufgefordert, Medien in den unterrichtlichen Kommunikationsprozess so zu integrieren (zielbewusst zu planen, auszuwählen, zu verwenden), dass sie das Kommunizieren fördern und ihr Einsatz Schülerinteressen entgegenkommt und Lernprozessen nützt.

Konsequenzen für die Lehrerbildung

Im Hinblick auf die Aufgabenbereiche und Zielsetzungen medienerzieherischer Arbeit in der Schule (Nutzungsmöglichkeiten von Medien, Entwicklung kritischer Haltung angesichts von Wirkungsweisen und Produktionsbedingungen von Medien sowie der Erweiterung praktischer Ausdrucks- und Gestaltungsmöglichkeiten) ist ein umfängliches Wissen und Können der Lehrkräfte erforderlich. Neben Medienkompetenz und medienpädagogischer Kompetenz (einschließlich didaktischer Fähigkeiten) wird von Lehrern/Lehrerinnen ferner noch fachliche, personale und soziale Kompetenz verlangt. Auch diese gehören zu den Merkmalen professionellen Lehrerhandelns. Solches anzubahnen stellt einen wichtigen Auftrag der Lehrerbildung dar (zu Fragen und Schwerpunkten der Lehrerbildung vgl. KMK 1999; N. Seibert 2001; E. Terhart 2000). Deren wissenschaftliche Grundlegung erfolgt in hochschulmäßiger (universitärer) Ausbildung, die allgemeinpädagogische, fachspezifische und fachdidaktische sowie fachübergreifende Studien umfasst.

5. Literatur

Aebli, H.: Zwölf Grundformen des Lehrens, Stuttgart 1983.

Ders.: Grundlagen des Lehrens. Eine allgemeine Didaktik auf psychologischer Grundlage, Stuttgart 1995.

Baacke, D. u. a. (Hg.): Handbuch Medien: Medienkompetenz. Modelle und Projekte, Bonn 1999.

Bogdal, K. & Korte, H. (Hg.): Grundzüge der Literaturdidaktik, München 2002.

Burkart, R.: Kommunikationswissenschaft. Grundlagen und Problemfelder. Umrisse einer interdisziplinären Sozialwissenschaft, Wien/Köln/Weimar, 2002[4].

Bayerisches Staatsministerium für Unterricht, Kultur, Wissenschaft und Kunst (Hg.): Medienpädagogik/Medienerziehung in der Schule. Beschlüsse der KMK und der BLK, 1996.

Drechsel, B. & Kramer, K.: Lernen/ Lerntheorien, psychologische, in: Reinhold, R., Pollak, G. & Heim, H. (Hg.): Pädagogik-Lexikon, München/Wien, S. 364-367.

Dichanz, H. (Hg.): Handbuch Medien: Medienforschung. Konzepte, Themen, Ergebnisse, Bonn 1998.

Faßler, M.: Was ist Kommunikation?, München 1997.

Frindte, W.: Einführung in die Kommunikationspsychologie, Weinheim 2002.

Gagné, R. M.: Die Bedingungen des menschlichen Lernens, Hannover u. a., 1980[5].

Gonschorek, G. & Schneider, S.: Einführung in die Schulpädagogik und die Unterrichtsplanung, Donauwörth 2000.

Gudjons, H. (Hg.): Didaktische Theorien, Hamburg 1999[10].

Hamann, B. & Hamann, B.: Medienkompetenz als aktuelle schulische Bildungsaufgabe im Informations- und Kommunikationszeitalter, in: Hamann, B. unter Mitarbeit von Hamann, B.: Neue Herausforderungen für eine zeitgemäße und zukunftsorientierte Schule, Frankfurt/Main u. a., 2002, S. 25-39.

Herzig, B. (Hg.): Medien machen Schule. Grundlagen, Konzepte und Erfahrungen zur Medienbildung, Bad Heilbrunn 2001.

Jank, W. & Meyer, H.: Didaktische Modelle, Berlin 2002[5].

KMK = Sekretariat der Ständigen Konferenz der Kultusminister der Länder in der Bundesrepublik Deutschland. Perspektiven der Lehrerbildung in Deutschland. Materialband zum Abschlussbericht der von der Kultusministerkonferenz eingesetzten Kommission, Bonn 1999.

Klingberg, L.: Lehren und Lernen. Inhalt und Methode, Oldenburg 1995.

Kron, F. W.: Grundwissen Didaktik, München/ Basel 2000[3].

Leutner, D.: Instruktionspsychologie, in: Rost, D. H., a. a. O., S. 267-276.

Lompscher, J.: Lehrstrategien, in: Rost, D. H., a. a. O., S. 394-401.

Maier, W.: Grundkurs Medienpädagogik/Mediendidaktik, Weinheim 1998.

Martial, I. von & Ladenthin, V.: Medien im Unterricht. Grundlagen und Praxis der Mediendidaktik, Baltmannsweiler 2002.

Martial, I. von: Einführung in didaktische Modelle, Baltmannsweiler 1996.

Memmert, W.: Didaktik in Grafiken und Tabellen, Bad Heilbrunn 1995.

Merkert, R.: Medien und Erziehung, Darmstadt 1992.

Ders.: Medienpädagogik, in: Reinhold, G., Pollak G., Heim, G. (Hg.): Pädagogik-Lexikon, München/Wien 1999, S. 372-374.

Merten, K., Schmidt, Siegfried, J. & Weischenberg, S. (Hg.): Die Wirklichkeit der Medien. Eine Einführung in die Kommunikationswissenschaft, Opladen, 1994.

Merten, K.: Einführung in die Kommunikationswissenschaft, Bd. 1/1: Grundlagen der Kommunikationswissenschaft, Münster 1999.

Meschenmoser, H.: Lernen mit Multimedia und Internet. Basiswissen Pädagogik – Teilbereich Unterrichtskonzepte und –techniken, Baltmannsweiler 2002.

Mickel, W. W. (Hg.): Handbuch zur politischen Bildung. Bundeszentrale für politische Bildung, Bonn 1999.

Moser, H.: Medienpädagogik. Aufwachsen im Medienzeitalter, Opladen 2000.

Niegemann, H.: Lehr- Lernforschung, in: Rost, D. H. (Hg.): Handwörterbuch Pädagogische Psychologie, Weinheim 2001[2] , S. 287-293.

Paefgen, E. K.: Einführung in die Literaturdidaktik, Stuttgart 1999.

Prange, K.: Bauformen des Unterrichts, Bad Heilbrunn 1983.

Reinhold, G., Pollak, G., Heim, H. (Hg.): Pädagogik-Lexikon, München/Wien 1999.

Rost, D. H. (Hg.): Handwörterbuch Pädagogische Psychologie, Weinheim 2001[2].

Seel, N. M.: Psychologie des Lernens. Lehrbuch für Pädagogen und Psychologen, München/Basel 2000.

Seibert, N. (Hg.): Probleme der Lehrerbildung. Analysen, Positionen und Lösungsversuche, Bad Heilbrunn 2001.

Terhart, E.: Lehr-Lern-Methoden, Weinheim 1989.

Ders.: Lehren, Unterricht, Unterrichtsforschung, in.: Reinhold, R. u. a.: Pädagogik-Lexikon, a. a. O., S. 332-337.

Tulodziecki, G.: Medien in Erziehung und Bildung, Bad Heilbrunn 2003[4].

Tulodziecki, G. & Herzig, B.: Computer & Internet im Unterricht. Medienpädadgogische Grundlagen und Beispiele, Berlin 2002.

Vollbrecht, R.: Einführung in die Medienpädagogik, Weinheim 2001.

Weinert, F. E.: Lerntheorien und Instruktionsmodelle, in: Ders. (Hg.): Psychologie des Lernens und der Instruktion, Göttingen 1996, S. 1-48.

Wiater, W.: Unterrichten und Lernen in der Schule. Eine Einführung in die Didaktik, Donauwörth 1997[2].

Winterhoff-Spurk, P.: Medienpsychologie. Eine Einführung, Stuttgart 1999.

IV. Aufbau zentraler Kompetenzen als wesentliche Bildungsaufgabe eines auf die Lebenswelt bezogenen Deutschunterrichts – konzeptionelle Überlegungen und praktische Folgerungen

Im Rahmen der Diskussion um eine zeitgemäße und zukunftsorientierte Schule wird wieder verstärkt nach deren Effizienzsteigerung in struktureller und konzeptioneller Hinsicht gerufen. In diesem Zusammenhang werden auch die einzelnen Schulfächer auf den Prüfstand gestellt und nach ihrem möglichen Beitrag zur Leistungssteigerung in individual-persönlicher, sozial-gesellschaftlicher und kultureller Hinsicht gefragt. Wie bei anderen Fächern so wird auch hinsichtlich des Deutschunterrichts zu erkunden gesucht:

- An was müssen die Zielsetzungen hier ausgerichtet werden?
- Welche Aufgaben und Anforderungen leiten sich aus dem generellen Erziehungs- und Bildungsauftrag der Schule ab, welche im Hinblick auf die Qualifizierung für die Berufs- und Arbeitswelt?
- Welche Kompetenzen ergeben sich aus fachwissenschaftlichen Erfordernissen, welche in Bezug auf die neuen Medien?
- Neben diesen Fragestellungen tun sich noch weitere zu klärende Probleme auf: Steht in der Unterrichtsarbeit das Individuum (Subjekt) oder der Gegenstand (Welt) im Vordergrund? Wie steht es dabei um das Verhältnis von Persönlichkeitsbildung und Kompetenzerwerb? Welche Rolle kommt den Inhalten, welche den Methoden zu? Solche und damit zusammenhängende Fragestellungen wurden spezifiziert und auch kontrovers auf dem Lüneburger Germanistentag (1999) erörtert, der unter den Leitbegriffen "Kompetenzerwerb" und "Persönlichkeitsbildung" stand (H. Witte u. a. 2000).

1. Bedeutung von Kompetenzen und Bedingungen ihrer Aneignung

Geht man davon aus, dass es zu den wichtigsten Aufgaben der Schule gehört, die Schüler fit und handlungsfähig zu machen, damit sie ihr Leben möglichst gut meistern können, dann müssen der Unterrichtsarbeit erhebliche Qualifizierungen abverlangt werden.

Die von der Schule aufzubauenden Fähigkeiten, die für die Bewältigung anstehender Lebensprobleme und –aufgaben grundlegend und für das Verstehen der Welt und adäquatem Handeln in ihr förderlich sind, können als "Schlüsselqualifikationen" bezeichnet werden. Diese "sind dezidiert fächerübergreifend, mögen sie sich auch in der Konkretisierung im Fach spezifizieren" (A. Brunkhorst-

68

Hasenclever 2000, S. 342). Die in und mit ihnen angestrebten Qualifikationen erweisen sich in vielfältiger Weise sowie in unterschiedlichen Situationen, Aufgaben- und Tätigkeitsbereichen als brauchbar. Ihre Wirksamkeit kann sowohl dem Einzelnen wie auch dem gesellschaftlichen Ganzen zugute kommen.

Das Spektrum der unterrichtlich auf- und auszubauenden bzw. zu vermittelnden Kompetenzen und Qualifikationen ist sehr breit und vielfältig. Es umfasst eine ganze Palette von Fähigkeiten und Fertigkeiten. Solche reichen – um aus dem umfänglichen Repertoire nur einige zu nennen – von sprachlicher über kommunikative, berufliche, kulturelle, ethisch-moralische Kompetenz bis zur Medienkompetenz u. a. Befähigungen.

Was die Möglichkeiten und Bedingungen der Vermittlung und Aneignung solcher Kompetenzen angeht, die unterschiedlichen Kategorien zuzuordnen sind und verschiedenen Bereichen zugehören, gibt es kontroverse Auffassungen.

Auf dem Germanistentag in Lüneburg zeigte es sich, was auch in an anderen Orten geführten Diskussionen und Stellungnahmen offenkundig wird: Zwei Grundpositionen kontrastieren deutlich: Einerseits dominiert ein technizistisches Verständnis von Kompetenz, andererseits eine mit Wertsetzungen verbundene Auffassung. Vertreter der erstgenannten Richtung sind der Meinung, Kompetenz könne quasi allumfassend und ohne Inhalte gelehrt und gelernt werden. Die Anhänger der letztgenannten Richtung, die ich favorisiere, sind der Überzeugung, dass Kompetenzen nur in Auseinandersetzung mit Gegenständen und Inhalten (auch fachbezogener Art) erworben werden können.

Das Erreichen von anvisierten Unterrichtszielen bzw. der Erwerb bestimmter Kompetenzen bestimmen sowohl die Gegenstands- und Inhaltswahl wie auch die Art und den Einsatz von Methoden maßgeblich mit (zu Überblick und Vielfalt von Unterrichtsmethoden vgl. man M. Bönsch 2002).

Die Auswahl der Lehr- und Lerngegenstände wie auch die Anwendung bestimmter Unterrichtsmethoden sind wichtige Instrumente zur Steuerung der Bildungswirksamkeit schulischer Arbeit. Um ihretwillen darf keines der beiden Erfordernisse – Gegenstands- und Inhaltsbezug wie auch sachbezogene Verfahrensweise – vernachlässigt oder gar ausgeblendet werden. Einseitigkeit und Bildungsdefizit wären die Folgen[27].

Fragt man nun, welche Kompetenzen zur Lebensbewältigung besonders wichtig und nutzbar sind, so legt sich eine Klassifizierung nahe, die neben der begrifflichen Fassung eine Charakterisierung und damit eine Umschreibung des betref-

---

[27] Die Frage, welche Bildung bzw. Bildungskomponenten in der Schule dringend berücksichtigt werden müssen, erfordert umfänglichere Ausführungen über momentane und künftige Bildungsbedürfnisse als sie hier möglich sind. Zwei Publikationen greifen dieses Thema auf: H. Markl 1998 und Arbeitsstab Forum Bildung 2000.

fenden Phänomenbereichs bietet. Solches unternimmt F. Weinert mit seinem Aufweis vorfindbarer Konzepte bzw. theoretischer Ansätze der Kompetenz. Er unterscheidet folgende Konzepte von Kompetenz (2001, S. 46 ff):

Das Konzept kognitiver Kompetenzen
Der hier vorliegende Ansatz akzentuiert intellektuelle Fähigkeiten, verstanden als allgemeine kognitive Ressourcen eines Individuums, um auf verschiedenen Inhaltsgebieten anspruchsvolle Aufgaben zu meistern, notwendige Kenntnisse zu erwerben und gute Leistungen zu erzielen.

Das Konzept motivationaler Kompetenzen
Typisch sind hier die Tendenz und das Vermögen, bestimmte Verhaltensweisen oder Handlungen bedarfs- oder bedürfnisorientiert (gemäß des inneren Antriebs oder äußerer Anregung) auszurichten bzw. zu realisieren.

Das Konzept Handlungskompetenz
Charakteristisch für diesen konzeptionellen Theorieansatz ist die Verbindung von kognitiven, motivationalen und sozialen Voraussetzungen für erfolgreiches Handeln hinsichtlich der Anforderungen eines bestimmten Tätigkeitsfeldes (z. B. in der Schule oder im Beruf). Im Konzept der Handlungskompetenz werden häufig folgende Komponenten verknüpft: allgemeine Problemlösungskompetenz, Fähigkeit zu kritischem Denken, domänübergreifendes und spezifisches Wissen, realistisches Selbstvertrauen, soziale Kompetenzen.

Das Konzept Schlüsselkompetenz
Diesem Konzept werden Kompetenzen zugerechnet, die in unterschiedlichen Situationen, bei der Bewältigung verschiedener Aufgaben und bei variierenden Anforderungen gleichermaßen, möglichst textunabhängig nutzbar und wirksam sind. Dazu gehören basale, methodische, kommunikative, beurteilungsgeeignete Fähigkeiten, z. B. muttersprachliche, fremdsprachliche, mathematische Kenntnisse und Fertigkeiten sowie die Inhalte einer grundlegenden Allgemeinbildung.

Das Konzept metakognitiver Kompetenzen
Metawissen ist ein Wissen um das eigene Wissen. Als metakognitive Kompetenz bezeichnet man das Vermögen, sein Wissen und seine Leistungsmöglichkeiten nicht nur persönlich einzuschätzen, sondern auch zur Steuerung des eigenen Handelns zu nutzen. Um Wissen über eigenes Wissen – über vorhandene Begabungen, Kenntnisse, Fertigkeiten, motivationale Tendenzen, Einstellungen, subjektives Handlungsbewusstsein – bei unterschiedlichen Aufgaben, in verschiedenen Inhaltsbereichen und bei variablen Zielsetzungen optimal nutzen zu können, benötigt man nicht nur die Beherrschung vieler Fakten, mannigfache

Erfahrungen, die Verfügbarkeit über unterschiedliche Strategien, Operationen und Problemlösungsverfahren, sondern auch ein realistisches Selbstvertrauen[28]. Die Bedeutung und Einschätzung des Gewichts der oben genannten Kompetenzen wird nicht überall gleich gesehen. In letzter Zeit haben die Begriffe "Schlüsselkompetenzen"(Basiskompetenzen, die bei der Bewältigung unterschiedlicher Anforderungen genutzt werden können) und "Metakompetenzen" (Wissen über die Verfügbarkeit und Nutzbarkeit eigener Kompetenzen zur Optimierung des Lern- und Problemlöseverhaltens) samt ihren inhaltlichen Umschreibungen in Fachkreisen große Aufmerksamkeit gefunden.

2. Erwerb und Vermittlung von Schlüsselqualifikationen

Bei dem Konzept Schlüsselqualifikationen handelt es sich um einen bunten Katalog geistiger, persönlicher und sozialer Fertigkeiten. Die zahlreichen unterschiedlichen Bedeutungen, die mit dem Begriff "Schlüsselqualifikation(en)" bezeichnet werden, umfassen "individuelle Erkenntnis-, Handlungs- und Leistungskompetenzen..., die in möglichst unterschiedlichen (auch zeitlich entfernten) Situationen und möglichst verschiedenen Inhaltsbereichen beim Erwerb notwendiger Spezialkenntnisse, bei der Verarbeitung relevanter Informationen, bei der Bearbeitung schwieriger Aufgaben und bei der Lösung neuer Probleme mit Gewinn genutzt werden können" (F. Weinert 1998a, S. 27).

Laut F. Weinert lassen sich vier Ebenen des Erwerbs und der Vermittlung von Schlüsselqualifikationen unterscheiden (vgl. ebd., S. 31 ff):

bereichsunspezifische Kompetenzen

Dazu können gerechnet werden: allgemeine Planungs-, Steuerungs-, Überwachungs- und Beurteilungskompetenzen, Strategien der Lernsteuerung, Unterscheidungskompetenzen für verschiedene Situationen, Techniken des Lernens und des Umgangs mit Informationen, generelle sozial-kommunikative Kompetenzen. Kompetenzen dieser Art sind erlern- und vermittelbar durch Lehrepisoden und überfachliche Projekte.

bereichsspezifische Kompetenzen

Beispiele hierfür sind: geisteswissenschaftliche Kompetenzen (z. B. Interpretieren, historisches Verständnis), sozialwissenschaftliche Kompetenzen (etwa systematisches Denken, Regelverständnis), wirtschaftswissenschaftliche Kompetenzen (z. B. Verständnis für marktwissenschaftliche Regulierungsmechanismen, ökonomische Entscheidungsstrategien), sprachliche Kompetenzen (etwa Verstehen und Umgang mit Sprache), naturwissenschaftliche Kompetenzen (z.

---

[28] Näheres zu metakognitiven Kompetenzen findet sich bei F. Weinert 2001, S. 54 ff.

B. Einsichten in Grundsätze und Techniken des Umgangs mit naturwissenschaftlichen Gegebenheiten, deterministisches Denken), technologische Kompetenzen (wie Kenntnisse und Fähigkeiten bezogen auf das Verständnis grundlegender moderner Techniken und deren Anwendungsmöglichkeiten), handwerklich – technische Kompetenzen (z. B. handwerklich–praktische Fertigkeiten im Umgang mit technischen Geräten und Instrumenten).

Erworben und vermittelt werden solche Kompetenzen durch langfristige Beschäftigung mit solchen Domänen (Arbeits- bzw. Tätigkeitsbereichen, Auseinandersetzung mit fachspezifischen Arbeitsmethoden und Denkmodi).

disziplinäre und berufsspezifische Schlüsselqualifikationen

Dabei handelt es sich um Kompetenzen, die für unterschiedliche Lern- und Arbeitsaufgaben einer bestimmten Fächer- und Berufsgruppe (z. B. Biologie, Medizin) funktionalen Nutzungswert besitzen. "Grundlagen dafür sind sowohl metakognitive Kompetenzen für das Verstehen des jeweiligen Wissens- und Handlungsgebietes" (ebd., S. 32). Dabei sind eigene Erfahrungen und die mit ihnen verbundenen Lernvorgänge als abrufbares Untergrundwissen bedeutsam wie auch die systematische Vermittlung und Übung.

subdisziplinäre Schlüsselqualifikationen

Der Erwerb grundlegender Kulturtechniken (z. B. Lesen, Schreiben, Rechnen) und die Vermittlung allgemeinen Wissens tragen zum notwendigen Wissen quasi als Basis für Schlüsselqualifikationen verschiedener Art wesentlich bei. Sie bilden notwendige Voraussetzungen für die schulische und berufliche Entwicklung. Dieses "vorhandene" Wissen gilt es in variablen Situationen einzusetzen, durch weiterführende Lernprozesse inhaltlich zu erweitern und in begrenztem Ausmaß zu verändern. Solche Lernprozesse "wirken sich auf den Erwerb und auf die Qualität von Schlüsselqualifikationen mindestens genauso aus wie auf den inhaltlichen Wissenserwerb" (ebd., S. 33).

Für den Erwerb und die Vermittlung von Schlüsselqualifikationen – also mehr oder minder allgemeiner, flexibel und variabel nutzbarer Kompetenzen – ist von Bedeutung, dass nicht nur auf kognitive Handlungs- und Lerneffekte abgehoben wird. Auch Merkmale und Ziele, die dem motivationalen (die Bedürfnisse betreffenden) und dem volitionalen (von willentlichen Tendenzen bestimmten) Bereich zugehören, sollten berücksichtigt und gefördert werden.

Für die Aneignung von Schlüsselqualifikationen, die größtenteils das Ergebnis impliziter Lernvorgänge sind, ist weniger das deklarative als das prozesshaft zustande gekommene Wissen, d. h. ein solches, das auf einem veränderten Verständnis und einer neuen Praxis des Lernens basiert. Folgende neue Akzentsetzungen kennzeichnen eine neue Lernkultur (vgl. ebd., S. 35 ff):

- aktiv-sinnstiftendes gegenüber passiv-mechanischem Lernen
- erkenntnisorientiertes und nutzungsbezogenes Lernen
- abstrahierendes und automatisierendes Lernen
- angeleitetes und selbständiges Lernen
- individuelles und kooperatives Lernen
- Lernen von Inhalten und Lernen über Lernen[29].

Zur Aneignungs- und Vermittlungsproblematik seien hier noch folgende Bemerkungen angefügt:

Die Vermittlung von Schlüsselqualifikationen erfordert eine Veränderung der bestehenden Lernkultur: Anstatt allgemeine Fähigkeiten bzw. geistige Funktionen zu schulen (z.B. wie man logisch denkt, wie man gut spricht, wie man zweckmäßig handelt), sollten die Lernenden in auf längere Perioden angelegten Bemühungen zur Selbststeuerung ihres eigenen Lernens ermächtigt werden. Die Förderung selbstständigen Lernens, die Hinführung zur Selbstregulation des Lernens, wobei auch wirksame Lerntechniken und der Ausbau von Lernstrategien betroffen sind, macht die längerfristige Beschäftigung mit bestimmten Inhaltsgebieten nötig. Bereichsspezifisches Wissen und Können sind in hervorragender Weise geeignet, sich Denk- und Entscheidungsmodi anzueignen bzw. zu erlernen, die sich unter verschiedenen Bedingungen und Anforderungen nutzen und anwenden lassen. Das gilt für verschiedene Bereiche, so auch für den Deutschunterricht. Sowohl der Erwerb wie die Vermittlung von Lern- und Denkstrategien kann hier nur im Kontext des Erwerbs von wichtigem inhaltlichen Wissen erfolgen. Auch der Auf- und Ausbau von Kompetenzen verlangt eine Ausrichtung auf reale Sachverhalte und damit eine Einbettung in inhaltliches Wissen. Das legt schulpraktische Forderungen nahe, besonders hinsichtlich der Unterrichtsgestaltung, d. h. der Auswahl der Lehr- und Lerngegenstände, der methodischen Verfahrensweisen wie auch der Anforderungen an die Lehrerbildung[30].

3. Vordringlich aufzubauende Kompetenzbereiche

Es ist evident, dass hinsichtlich der Bewältigung anstehender Lebensprobleme die anzustrebenden Qualifikationen und Kompetenzen von unterschiedlichem Gewicht, Wert und Bildungseffekt sind. Differierende Valenzen gibt es auch be-

---

[29] Zu lerntheoretischen Ansätzen, Unterrichtskonzepten und –methoden vergleiche man auch: M. Bönsch 2000, 2002; H. Gudjons 2001, S. 249 ff. Zur Lernkultur beachte man K. Westphalen 1998, S. 83 ff.
[30] Zu weiteren Aspekten des Kompetenzerwerbs beachte man u. a. D. Löwisch 2000, W. Wiater 2001.

züglich einzelner Kompetenzbereiche, die in der Schule eine besondere Rolle spielen und die Unterrichtskonzepte nachhaltig beeinflussen. Ausführungen hierzu finden sich bei F. Weinert (1998 b). Unter Bezugnahme auf einschlägige Forschungsergebnisse eruiert er "vor allem vier Kompetenzbereiche, die aufgebaut werden müssen, weil sie sich nicht spontan entfalten und weil das erforderliche Wissen nicht naturwüchsig in hinreichender Quantität und Qualität von Kindern erworben wird. Es handelt sich dabei um eine inhaltlich vielfältige Allgemeinbildung, um Strategien zur praktischen Nutzung dieses Wissens, um Kompetenzen zum permanenten selbständigen Lernen und ein System von Wertorientierungen, damit aus kognitiven Fähigkeiten gesellschaftlich wertvolle und individuell reflexive Handlungskompetenzen werden" (1998 b, S. 114 f)[31].

Schulisches Lernen und Lehren, die die individuelle Entwicklung der Schüler nachhaltig fördern, sie mit lebensbezogenem Wissen ausstatten, zu sinn- und werterfülltem Handeln qualifizieren können und sollen, sind im Einzelnen auf folgende Faktoren ausgerichtet:

- Erwerb intelligenten Wissens
- Erwerb situierter Strategien der Wissensnutzung
- Erwerb metakognitiver Kompetenzen
- Erwerb von Handlungs- und Wertorientierungen[32].

Erwerb intelligenten Wissens

Unter intelligentem Wissen versteht man nicht lediglich mechanisch angehäufte Kenntnisse oder unverstandene Leistungsdispositionen, sondern ein wohl organisiertes und lebenspraktisch vernetztes System von flexibel nutzbaren Fähigkeiten, Fertigkeiten, Kenntnissen und metakognitiven Kompetenzen. Bedingt ist dieses System durch ein sachlogisches, systematisches und inhaltsbezogenes Lernen. Der durch solches Lernen etablierte Fundus bewirkt eine Erleichterung bzw. Ermöglichung des Wissenserwerbs im gleichen Inhaltsgebiet. Die zweckmäßigste Unterrichtsform dafür ist die direkte Unterweisung im Sinne einer lehrergesteuerten, aber schülerzentrierten, also die Lernenden aktivierende, verständnisförderliche und auf die Vermeidung oder schnelle Beseitigung von Wissensdefiziten bei einzelnen Schülern ausgerichtete Unterrichtsform (ebd., S. 115).

---

[31] Von Kompetenzbereichen kann man auch noch in anderer Hinsicht sprechen. So unterscheidet man personenbezogene, berufsbezogene, gesellschaftsbezogene, medienbezogene, gegenstandsbezogene, inhaltsbezogene, lebensweltbezogene, kompetenz-sprachliche, literarische, kommunikative, ästhetische Kompetenz, Fach-, Sozial-, Methodenkompetenz und weitere.

[32] Zur näheren Kennzeichnung dieser Komponenten vgl. F. Weinert 1998 b, S. 115 f.

Erwerb situierter Strategien der Wissensnutzung

Die Möglichkeit, intelligentes Wissen flexibel zu nutzen, hängt weniger von seiner Systematik (Sachlogik) ab als von der Art seines Erwerbs. "Nur wer neben der sachlogischen Systematik des Wissens auch die situativen Kontexte seiner möglichen Anwendung mitgelernt hat, erhöht die Wahrscheinlichkeit, dass es in lebenspraktischen, variablen Kontexten angewandt wird" (ebd., S. 116). Lebensnahe Lernarrangements sind also für das Lernen und den gleichzeitigen Erwerb von flexibel nutzbaren Kenntnissen (Strategien für deren Anwendungsmöglichkeit) besonders tauglich. Geeignete Unterrichtsformen sind Projektarbeit, Lernteams, lebenspraktische Recherchen sowie im Lernvorgang eingebundene Übungs- und Anwendungsaufgaben (vgl. ebd., S. 116).

Erwerb metakognitiver Kompetenzen

Zu den unverzichtbaren Bildungszielen heutiger Schüler rechnet man auch den Aufbau metakognitiver Kompetenzen. Dazu gehören ein Wissen um kognitive Prozesse, Wissen um Fähigkeiten, welche die Aneignung neuen sowie die Nutzung verfügbaren Wissens effizient machen und auch die Ausrichtung des eigenen Denkens und Handelns im Hinblick auf angestrebte Ziele ermöglichen.

Der Erwerb dieser genannten Kompetenzen muss in enger Verbindung mit der Vermittlung von inhaltlichem Wissen erfolgen. "Dafür sind selbständiges Lernen, freie geistige Tätigkeit, Gruppenarbeit und offener Unterricht notwendig, weil Schüler nur auf diese Weise Erfahrungen mit dem eigenen Lernen machen können" – im Hinblick auf eigene Vermögenspotentiale, funktionale und dysfunktionale Strategien, hinsichtlich des Zusammenhangs zwischen Lernvoraussetzungen, -anstrengungen und -ergebnissen. Diese subjektiven Erfahrungen müssen unter Anleitung des Lehrers – so F. Weinert 1998 b, S. 118 – in metakognitive Kompetenzen transformiert werden.

Erwerb von Handlungs- und Wertorientierungen

Es ist recht schwierig, durch Vermittlung von Kenntnissen über Welt, Mensch und Leben zu Wert- und Handlungsorientierung anzuregen. Der dafür erforderliche Persönlichkeits-, Motivations- und Handlungstransfer des erworbenen Wissens ist zu sehr durch von außen bedingte Faktoren beeinflusst (z. B. durch individuelle Erfahrungen, häusliche Lebensformen, kulturelle Wertvorstellungen, Erziehungseinflüsse unterschiedlichen Charakters), was eine unterrichtliche Steuerung erschwert.

Trotz genannter Schwierigkeiten (vgl. F. Weinert 1998 b, S. 118) bieten pädagogische Bemühungen die Möglichkeit, oben genannte Lerneffekte zu erreichen. "Reflexive Diskurse in Gruppen, der Aufbau von persönlichen Gewohnheiten, vorbildhaftes Handeln, mehrperspektivische lebensnahe Beispiele und eine Schulkultur, in der sich verbindliche Regeln, individuelle Freiheiten und ein faires Sozialverhalten verbinden, sind günstige Möglichkeiten zur Förderung von Handlungs- und Wertorientierungen" (ebd., S. 119).

Weitere Kompetenzbereiche – Folgen für die Lehrerbildung

Das Spektrum der Kompetenzen, die in und durch Schule vermittel- und erwerbbar sind, reicht über die oben gekennzeichneten noch hinaus und wirft die Frage nach der Leistungsfähigkeit von Schule und einer angemessenen Lehrerbildung auf (vgl. B. Hamann 2002 und 2003). Angesichts der Aneignung der von der heutigen Schülergeneration so sehr benötigten Wissensinhalte, Arbeits- und Lerntechniken, von Strategien der Informationsbeschaffung oder Fertigkeiten des Umgangs mit elektronischen Medien sehen sich Schulen, Lehrende und Lehrerbildungsinstitutionen zu speziellen und differenzierenden Maßnahmen herausgefordert. Verweisen kann man hier auf die Schwerpunkte von Bildungskongressen und Foren (vgl. etwa im Bayrischen Staatsministerium...1998 oder beim Arbeitsstab Bildung 2000) sowie die Auflistung von lebensorientierenden Fähigkeiten und Kompetenzen (s. B. Hamann 2003, S. 12 ff), auf die Expertentagung "Medienkompetenz" (dokumentiert in: F. Schell 1999) sowie auf Aktionsformen zur Verbesserung der Hochschul- bzw. Lehrerbildung (U. Webers 1997, E. Terhart 2000).

4. Lehrerprofessionalität als Grundlage für einen guten Unterricht

Die Qualifizierung der Lehrer für einen guten Unterricht beruht weitestgehend auf ihren beruflichen Fähigkeiten. Nach F. Weinert (1998 b, S. 121 ff) lassen sich die besonders wichtigen unter folgenden Kompetenzbereichen subsumieren:

- Sachkompetenzen
- diagnostische Kompetenzen
- didaktische Kompetenzen
- Klassenführungskompetenzen

Bei Sachkompetenzen geht es um die Beherrschung der zu vermittelnden Lehrinhalte im Hinblick auf ihren wissenschaftlichen Gehalt sowie ihre didaktische Strukturierbarkeit. Dazu gehört auch die richtige Einschätzung der zu lehrenden

76

und zu lernenden Inhalte bezüglich ihres Schwierigkeitsgrades und der differie-
renden Aufnahmekapazität der Schüler.

Bei diagnostischen Kompetenzen handelt es sich um ein ganzes Bündel von Fähigkeiten, die benötigt werden, um den Kenntnisstand, die Lernfortschritte und
die Leistungsprobleme verschieden begabter Schüler sowie die Schwierigkeiten
diverser Lernaufgaben im Unterricht fortlaufend beurteilen zu können. Pädagogisches Handeln braucht um seiner effektiven Gestaltung willen diagnostische
Einsichten als erfolgsfördernde Faktoren. Individualisierender und differenzie-
render Unterricht kann diagnostischer Fertigkeiten von Lehrpersonen keines-
wegs entbehren.

Didaktische Kompetenzen – verstanden als professionelle Fähigkeiten, verschiedene Unterrichtsformen zum Erreichen unterschiedlicher pädagogischer
Ziele einsetzen zu können – stellen unverzichtbare Komponenten modernen Unterrichts dar[33]. Zu den Lehr- und Lernmethoden, die für eine moderne Unterrichtsgestaltung besonders relevant sind, zählt F. Weinert: direkte Unterweisung,
offener Unterricht, Projektarbeit, Teamarbeit, individualisiert selbständiges Lernen (ebd., S. 122 f.).

Bei Klassenführungskompetenzen geht es nach Auffassung F. Weinerts "um Fähigkeiten des Lehrers, die Schüler einer Klasse zu motivieren, sich möglichst
lange und intensiv auf die erforderlichen Lernaktivitäten zu konzentrieren, und...
den Unterricht möglichst störungsarm zu gestalten oder auftretende Störungen
schnell und undramatisch beenden zu können" (ebd., S. 124). Klassenführungskompetenzen zeigen sich darüber hinaus auch in Maßnahmen des Lehrers zur
Gestaltung des Klassenraumes als Lernumgebung, zur Pflege des Schullebens,
zur Herstellung bzw. zum Erhalt eines positiven Klassenklimas, zur Förderung
der Beziehungen der Klassenmitglieder als sozialer Gruppe[34].

5. Anforderungen an qualifizierte Lehrerbildung

Globale Veränderungen in der modernen Lebenswelt, wozu u. a. auch technologische und gesellschaftliche Entwicklungen samt den damit verbundenen Wert-
verschiebungen beigetragen haben, fanden ihren Niederschlag auch im Bil-
dungsbereich. Dort sind ihre Auswirkungen auf schulische Ziele und fachunter-
richtliche Inhalte unübersehbar. Darauf bezogene Aufgaben stellen spezifische
Anforderungen an die Lehrerbildung. Dass diese zeitgemäß und professionell

---

[33] Die thematisch-inhaltlichen Akzentsetzungen wie auch der Einsatz sach- und schülerbezogener Lehr- und
Lernmethoden verlangen ein umfängliches Wissen und Können der Lehrpersonen.
[34] Hier bedarf es gezielter Einflussnahmen hinsichtlich Aufbau, Pflege und Veränderungen von Interaktionen,
Kommunikationen und Kooperationen zwischen Lehrern und Schülern sowie der Schüler untereinander.

gestaltet sein muss, wird kaum angezweifelt. Dem Lehrer als "Experten für Erziehung und Unterricht" werden Befähigungen unterschiedlichster Art abverlangt. Solche ergeben sich weitgehend vom Spektrum der von der Schule zu bewältigenden Aufgaben her. "Der zentrale Beitrag der Schule zur Persönlichkeitsbildung, zur soliden Beherrschung von grundlegenden Kulturtechniken, zum Aufbau eines lebensweltbezogenen Grundwissens, für die sinnvolle Nutzung der modernen Informations- und Kommunikationstechniken, für die Eröffnung des Zugangs zur geistig-kulturellen Welt (und der ihr inhärenten Daseinsbezüge) deutet auf wichtige Aufgabenkreise des Lehrerseins hin" (B. Hamann 2003, S. 19). Solche und auch die oben skizzierten Aufgabengebiete und Aktivitäten lassen wesentliche Postulate wirksamen Lehrer-Handelns erkennen: Neben dem breiten Sachwissen (auch über das Fachwissen hinaus) und Handlungswissen (Vermittlungswissen) muss auch die soziale und personale Kompetenz eingeschlossen sein.

Mit der Ausrichtung und Ausgestaltung von Lehrerbildung haben sich in letzter Zeit verschiedene Autoren und Gremien befasst (z. B. J. Kirsch 2001, KMK 1999, N. Terhart 2000). Trotz verschiedener Akzentsetzung in Einzelfragen stimmen die meisten in folgenden Forderungen überein: "Anzustreben ist dass folgende Elemente als unverzichtbar für die Lehrerbildung gelten: Fachstudium, Fachdidaktik, erziehungswissenschaftliche Anteile, schulpraktische Studien;

- die Berücksichtigung des Bildungs- und Erziehungsauftrags der Schule sowie der Funktion, auf lebenslanges Lernen vorzubereiten;
- eine forcierte Orientierung von Schule resp. Lehrer-Handeln am Leben (stärkere Hinordnung und Entfaltung personalen und gesellschaftlichen Lebens sowie Orientierung an Berufs- und Arbeitswelt);
- die Schaffung eines Konsenses über Bildungsziele und unverzichtbare Sachangebote;
- eine Akzentuierung schulformbezogener Lehr- und Lerninhalte;
- eine festere Institutionalisierung von Fort- und Weiterbildung" (B. Hamann 2003, S. 20).

Der Auf- und Ausbau der erforderlichen beruflichen Qualifikationen des Lehrpersonals (professionelles Handeln) erfolgt zweckmäßigerweise in hochschulmäßigen Lehr- und Lernformen. Damit korrespondiert die Forderung, die für die Unterrichtsinhalte bedeutsamen Wissenschaften systematisch und grundlegend zu studieren, d. h. sich mit erziehungswissenschaftlichen, fachwissenschaftlichen, fachdidaktischen und schulpraktischen Sachbereichen intensiv zu beschäftigen.

Um die beruflich notwendigen Handlungskompetenzen (Sach-, Fach-, Methoden-, personale und soziale Kompetenzen) tatsächlich zu erlangen, kommt der Verzahnung von theoretischem Wissen mit schulpraktischen Erfahrungen (in Hospitationen und Schulpraktika) große Bedeutung zu. Bei den für die Lehrerbildung maßgeblichen Phasen – Lernen an der Universität/ Hochschule (1. Phase), Lernen im Referendariat (2. Phase), Lernen im Beruf (3. Phase) zeigt man sich um effektivere Gestaltungen bemüht (vgl. E. Terhart 2000, S. 83 ff.; S. 125 ff.; B. Hamann 2002, S. 101 ff.), wobei der Phase der Fort- und Weiterbildung für die Kompetenzerweiterung eine weitaus größere Relevanz beigemessen wird als früher (vgl. B. Hamann 2003, S. 20 f.). Sowohl theoretisches Wissen wie praktisches Können müssen immer wieder neuen Erkenntnissen angepasst werden.

6. Literatur

Arbeitsstab Forum Bildung (Hg.): Erster Kongress des Forum Bildung am 14. und 15. Juli in Berlin. Materialien 3, Bonn 2000.

Bönsch, M.: Variable Lernwege. Ein Lehrbuch der Unterrichtsmethoden, Paderborn 2000[3].

Bönsch, M. und Kaiser, A.: Unterrichtsmethoden – kreativ und vielfältig, Hohengehren 2002.

Brunkhorst – Hasenclever, A.: Orientierung an Schlüsselqualifikationen – ein Modell für einen reformierten Deutschunterricht? In: Witte, H. u. a. (Hg.): Deutschunterricht zwischen Kompetenzerwerb und Persönlichkeitsbildung, Hohengehren 2000, S. 341-349.

Bundesministerium für Bildung und Forschung: Kompetenz im globalen Wettbewerb, Bonn 1998.

Hamann, B.: Was eine moderne Schule sein und leisten soll, in: Katholische Bildung, 104. Jg., Heft 1, 2003, S. 10-22.

Hamann, B. und Hamann, B.: Neue Herausforderungen für eine zeitgemäße und zukunftsorientierte Schule, Frankfurt/ Main u. a. 2002.

Jank, W. und Meyer, H.: Didaktische Modelle, Berlin 2002[5].

Kiersch, J. und Paschen, H.: Alternative Konzepte für die Lehrerbildung, Bd. 2: Akzente, Bad Heilbrunn 2001.

KMK = Sekretariat der Ständigen Konferenz der Kultusminister der Länder in der Bundesrepublik Deutschland. Perspektiven der Lehrerbildung in

Deutschland. Materialband zum Abschlussbericht der von der Kultusministerkonferenz eingesetzten Kommission, Bonn 1999.

Löwisch, D.-J. (Hg.): Kompetentes Handeln. Bausteine für eine lebensweltbezogene Bildung, Darmstadt 2000.

Markl, H.: Bildung für die Welt von morgen, in: Bayrisches Staatsministerium
für Unterricht, Kultus, Wissenschaft und Kunst (Hg.): Wissen und Werte
für die Welt von morgen, München 1998, S. 39-65.

Rekus, J. (Hg.): Grundfragen des Unterrichts, Weinheim, München 1998.

Rychen, D. S. und Salganik, L. H. (Hg.): Defining and Selecting Key
Competencies, Seattle, Toronto, Bern, Göttingen 2001.

Schell, F., Stolzenburg, E., Theunert, H. (Hg.): Medienkompetenz. Grundlagen
und pädagogisches Handeln, München 1999.

Schröder, H.: Lernen – Lehren – Unterricht, München 2000.

Seibert, N. (Hg.): Probleme der Lehrerbildung. Analysen, Positionen, Lösungsversuche, Bad Heilbrunn 2001.

Terhart, E.: Perspektiven der Lehrerbildung in Deutschland. Abschlussbericht
der von der Kultusministerkonferenz eingesetzten Kommission, Bonn, Basel 2000.

Tulodziecki, G.: Kompetenzen, die Studierende der Lehrämter während der uni-
versitären Ausbildung erwerben sollten, in: Schell, F., Stolzenburg, Theunert, H. (Hg.): Medienkompetenz. Grundlagen und pädagogisches Handeln,
München 1999, S. 297-305.

Welbers, U. (Hg.): Das integrierte Handlungskonzept Studienreform. Aktionsformen für die Verbesserung der Lehre an Hochschulen, Neuwied, Berlin,
1997.

Weinert, F. E.: Vermittlung von Schlüsselqualifikationen, in: Matalik, S. und
Schade, D. (Hg.): Entwicklungen in Aus- und Weiterbildung – Anforderungen, Ziele, Konzepte (Beiträge zum Projekt "Humanressourcen"), Ba-
den-Baden 1998 a, S. 23-43.

Ders.: Neue Unterrichtskonzepte zwischen Notwendigkeiten, pädagogischen Vi-
sionen und psychologischen Möglichkeiten, in: Bayrisches Staatsministerium für Unterricht, Kultus, Wissenschaft und Kunst (Hg.): Wissen und Werte für die Welt von morgen, München 1998 b, S. 101-125.

Ders.: Concept of Competence: A Conceptual clarification, in: Rychen, D. S.
and Salganik, L. H. (Hg.): Defining and Selecting Key Competencies,
Seattle, Toronto, Bern, Göttingen 2001, S. 45-65.

Westphalen, K.: Neue Schul- und Lernkultur? Kritische Würdigung des "päda-
gogischen Zeitgeistes", in: Bayrisches Staatsministerium für Unterricht,
Kultus, Wissenschaft und Kunst (Hg.): Wissenschaft und Werte für die
Welt von morgen, München 1998, S. 83-100.

Wiater, W. (Hg.): Kompetenzerwerb in der Schule von morgen, Donauwörth
2001.

Wildt, J.: Fachübergreifende Schlüsselqualifikationen – Leitmotiv der Studienreform? In: Welbers, U. (Hg.): Das integrierte Handlungskonzept Studienreform. Aktionsformen für die Verbesserung der Lehre an Hochschulen,
Neuwied, Berlin 1997, S. 198-213.

Witte, H. u. a. (Hg.): Deutschunterricht zwischen Kompetenzerwerb und Persönlichkeitsbildung, Hohengehren 2000.

ERZIEHUNGSKONZEPTIONEN UND PRAXIS

Herausgeber: Gerd-Bodo von Carlsburg

Band 1 Barbara Hellinge / Manfred Jourdan / Hubertus Maier-Hein: Kleine Pädagogik der Antike. 1984.

Band 2 Siegfried Prell: Handlungsorientierte Schulbegleitforschung. Anleitung, Durchführung und Evaluation. 1984.

Band 3 Gerd-Bodo Reinert: Leitbild Gesamtschule versus Gymnasium? Eine Problemskizze. 1984.

Band 4 Ingeborg Wagner: Aufmerksamkeitsförderung im Unterricht. Hilfen durch Lehrertraining. 1984.

Band 5 Peter Struck: Pädagogische Bindungen. Zur Optimierung von Lehrerverhalten im Schulalltag. 1984.

Band 6 Wolfgang Sehringer (Hrsg.): Lernwelten und Instruktionsformen. 1986.

Band 7 Gerd-Bodo Reinert (Hrsg.): Kindgemäße Erziehung. 1986.

Band 8 Heinrich Walther: Testament eines Schulleiters. 1986.

Band 9 Gerd-Bodo Reinert / Rainer Dieterich (Hrsg.): Theorie und Wirklichkeit - Studien zum Lehrerhandeln zwischen Unterrichtstheorie und Alltagsroutine. 1987.

Band 10 Jörg Petersen / Gerhard Priesemann: Einführung in die Unterrichtswissenschaft. Teil 1: Sprache und Anschauung. 2., überarb. Aufl. 1992.

Band 11 Jörg Petersen / Gerhard Priesemann: Einführung in die Unterrichtswissenschaft. Teil 2: Handlung und Erkenntnis. 1992.

Band 12 Wolfgang Hammer: Schulverwaltung im Spannungsfeld von Pädagogik und Gesellschaft. 1988.

Band 13 Werner Jünger: Schulunlust. Messung - Genese - Intervention. 1988.

Band 14 Jörg Petersen / Gerhard Priesemann: Unterricht als regelgeleiteter Handlungszusammenhang. Ein Beitrag zur Verständigung über Unterricht. 1988.

Band 15 Wolf-Dieter Hasenclever (Hrsg.): Pädagogik und Psychoanalyse. Marienauer Symposion zum 100. Geburtstag Gertrud Bondys. 1990.

Band 16 Jörg Petersen / Gerd-Bodo Reinert / Erwin Stephan: Betrifft: Hausaufgaben. Ein Überblick über die didaktische Diskussion für Elternhaus und Schule. 1990.

Band 17 Rudolf G. Büttner / Gerd-Bodo Reinert (Hrsg.): Schule und Identität im Wandel. Biographien und Begebenheiten aus dem Schulalltag zum Thema Identitätsentwicklung. 1991.

Band 18 Eva Maria Waibel: Von der Suchtprävention zur Gesundheitsförderung in der Schule. Der lange Weg der kleinen Schritte. 3. Aufl. 1994.

Band 19 Heike Biermann: Chancengerechtigkeit in der Grundschule – Anspruch und Wirklichkeit. 1992.

Band 20 Wolf-Dieter Hasenclever (Hrsg.): Reformpädagogik heute: Wege der Erziehung zum ökologischen Humanismus. 2. Marienauer Symposion zum 100. Geburtstag von Max Bondy. 1993. 2., durchges. Aufl. 1998.

Band 21 Bernd Arnold: Medienerziehung und moralische Entwicklung von Kindern. Eine medienpädagogische Untersuchung zur Moral im Fernsehen am Beispiel einer Serie für Kinder im Umfeld der Werbung. 1993.

Band 22 Dimitrios Chatzidimou: Hausaufgaben konkret. Eine empirische Untersuchung an deutschen und griechischen Schulen der Sekundarstufen. 1994.

Band 46 Christoph Dönges: Lebensweltliche Erfahrung statt empirischer Enteignung. Grenzen und Alternativen empirischer Konzepte in der (Sonder-)Pädagogik. 2000.

Band 47 Michael Luley: Eine kleine Geschichte des deutschen Schulbaus. Vom späten 18. Jahrhundert bis zur Gegenwart. 2000.

Band 48 Helmut Arndt / Henner Müller-Holtz (Hrsg.): Herausforderungen an die Pädagogik aufgrund des gegenwärtigen gesellschaftlichen Wandels. Bildung und Erziehung am Beginn des 3. Jahrtausends. 2000.

Band 49 Johann Amos Comenius: Allermahnung (Pannuthesia). Eingeleitet, übersetzt und erläutert von Franz Hofmann. 2001.

Band 50 Hans-Peter Spittler-Massolle: Blindheit und blindenpädagogischer Blick. Der *Brief über die Blinden zum Gebrauch für die Sehenden* von Denis Diderot und seine Bedeutung für den Begriff von Blindheit. 2001.

Band 51 Eva Rass: Kindliches Erleben bei Wahrnehmungsproblemen. Möglichkeiten einer selbstpsychologisch ausgerichteten Pädagogik und Psychotherapie bei sublimen und unerkannten Schwächen in der sensorischen Integration. 2002.

Band 52 Bruno Hamann: Neue Herausforderungen für eine zeitgemäße und zukunftsorientierte Schule. Unter Mitarbeit von Birgitta Hamann. 2002.

Band 53 Johann Amos Comenius: Allerleuchtung (Panaugia). Eingeleitet, übersetzt und erläutert von Franz Hofmann. 2002.

Band 54 Bernd Sixtus: Alasdair MacIntyres Tugendenlehre von *After Virtue* als Beitrag zum Disput über universalistische Erziehungsziele. 2002.

Band 55 Elke Wagner: Sehbehinderung und Soziale Kompetenz. Entwicklung und Erprobung eines Konzeptes. 2003.

Band 56 Jutta Rymarczyk / Helga Haudeck: *In Search of The Active Learner.* Untersuchungen zu Fremdsprachenunterricht, bilingualen und interdisziplinären Kontexten. 2003.

Band 57 Gerhard W. Schnaitmann: Forschungsmethoden in der Erziehungswissenschaft. Zum Verhältnis von qualitativen und quantitativen Methoden in der Lernforschung an einem Beispiel der Lernstrategienforschung. 2004.

Band 58 Bernd Schwarz / Thomas Eckert (Hrsg.): Erziehung und Bildung nach TIMSS und PISA. 2004.

Band 59 Werner Sacher / Alban Schraut (Hrsg.): Volkserzieher in dürftiger Zeit. Studien über Leben und Wirken Eduard Sprangers. 2004.

Band 60 Dorothee Dahl: Interdisziplinär geprägte Symbolik in der visuellen Kommunikation. Tendenzen therapeutisch-kunstpädagogischer Unterrichtsmodelle vor dem Hintergrund multimedialer Zeitstrukturen. 2005.

Band 61 Gerd-Bodo von Carlsburg / Marian Heitger (Hrsg.): Der Lehrer – ein (un)möglicher Beruf. 2005.

Band 62 Bruno Hamann: Pädagogische Anthropologie. Theorien – Modelle – Strukturen. Eine Einführung. 4., überarbeitete und ergänzte Auflage. 2005.

Band 63 Airi Liimets: Bestimmung des lernenden Menschen auf dem Wege der Reflexion über den Lernstil. 2005.

Band 64 Cornelia Matz: Vorbilder in den Medien. Ihre Wirkungen und Folgen für Heranwachsende. 2005.

Band 65 Birgitta Hamann: Grundfragen der Literaturdidaktik und zentrale Aspekte des Deutschunterrichts. 2005.

www.peterlang.de

Peter Lang · Europäischer Verlag der Wissenschaften

Michael Kämper-van den Boogaart (Hrsg.)

Deutschunterricht nach der PISA-Studie

Reaktionen der Deutschdidaktik

Frankfurt am Main, Berlin, Bern, Bruxelles, New York, Oxford, Wien, 2004.
244 S., 1 Abb., zahlr. Tab. und Graf.
Beiträge zur Literatur- und Mediendidaktik. Herausgegeben von Bodo Lecke.
Bd. 6
ISBN 3-631-51994-X · br. € 39.80*

Der Band dokumentiert die Beiträge einer Ringvorlesung an der Humboldt-Universität zu Berlin. Deutschdidaktikerinnen und Deutschdidaktiker aus verschiedenen deutschen Universitäten greifen Aspekte der Ergebnisse der PISA-Studie auf und entwickeln Vorschläge zu einer Verbesserung des Deutschunterrichts. Angesprochen werden u.a. fachspezifische Unterrichts-rituale, curriculare Konzepte, Modellierung von Lesekompetenz, Reform der Lehrerausbildung und Deutsch als Zweitsprache.

Aus dem Inhalt: PISA und die Schwächen des gegenwärtigen Deutsch-unterrichts · Konsequenzen aus den Befunden der PISA-Studie für einen neuen Deutschunterricht

Frankfurt am Main · Berlin · Bern · Bruxelles · New York · Oxford · Wien
Auslieferung: Verlag Peter Lang AG
Moosstr. 1, CH-2542 Pieterlen
Telefax 00 41 (0) 32 / 376 17 27

*inklusive der in Deutschland gültigen Mehrwertsteuer
Preisänderungen vorbehalten

Homepage http://www.peterlang.de